失敗の法則

人生の羅針盤

林 徳彦

高木書房

まえがき

人はなぜ迷うのでしょうか。
なぜ悩むのでしょうか。
なぜ苦しむのでしょうか。

それは、今の自分とは違う、本来の自分が希望している生き方と違うからです。

そんなこと、わかっています。でも、自分は明るく元氣に楽しく過ごしたいと思っているのに、なぜか暗い方向に行ってしまうのです。というふうに思ってはいませんか。

いずれにしても、なぜそうなるのでしょうか。
結論をいいましょう。あなたが無意識のうちに〝餓《が》〟のみで生きようとするからです。その傾向が強い人ほど本来の自分の生き方から逸《そ》れていきます。

ではどうすればいいのでしょうか。

難しいことではありません。本来の自分の生き方に素直になればいいのです。それを私は、使命感と呼んでいます。

本来の生き方とは、すべての人が生まれながらにして授かっている生き方のことです。それを私は、使命感と呼んでいます。

実は、すべての人がそれぞれの使命感を授かって誕生してきているのです。

問題は、それをどう知るかということです。使命感を知りさえすれば、決して人生に迷うことはありません。その方法は本文で述べます。

しかし、です。人は物事が順調に運び恵まれた状態になると使命感を忘れ、自分個人の力で生きているような錯覚に陥《おちい》ります。その結果、自分では一生懸命に生きているはずなのに、なぜか迷い苦しんでしまう。

多くの人が陥る人生の問題点といっていいでしょう。

現実的には、多くの人がそういう人生を日頃歩んでいるということです。

といって、あきらめてはいけません。人生のやり直しはいくらでもできるからです。

本書は、私がいろいろな人の人生相談にのって指導してきた内容を、特に**お母さん、若い**

人達にお伝えしたくまとめたものです。

お母さんは男女を問わず人の心の原点であり、人間教育の基礎づくりに大きく関わっているからです。また若い人達は将来を担っているからです。

そういう意味で本書は、**子供の教育や社員教育などにも役立ちます。**

ひとえに愛する日本が、世界から信頼され尊敬される国であってほしいと願ってやみません。

あなたの人生の羅針盤として本書が、少しでもお役に立てば幸いです。

― 目次 ―

目次

目　次

第六章 使命感をもって商品開発にあたる

第七章　ひとつ家の中で人生の旅が続く

写真家　尾関　一
イラスト　高橋利佳

第一章　守護霊を味方にする

人生を自転車にたとえれば

補助輪はあなたの守護霊

人の一生を考えるとき、人が自転車に乗る姿にたとえてみるとわかり易いでしょう。

まず、あなたが初めて自転車に乗ったときのことを思い出してください。必ず親の手助けがあり、後輪には補助輪がついていたはずです。

自転車はペダルをこがないと前に進みません。

そこで子供は教えられたようにペダルをこぎます。しかし、こぐことに氣をとられハンドルがふらつきます。そのとき親はハンドルを支え、ふらつかないように導いてくれます。

子供の上達は早いもので、だんだん親の手助けがいらなくなります。そして補助輪だけで乗ることが

できるようになります。

そしてさらに運転が上手になってくると、補助輪は後ろについているために、その存在すら忘れてしまいます。

人生にたとえていうと、補助輪はご先祖様、おじいちゃん、おばあちゃん、もしくは親が亡くなっていれば親も含みますが、自分を守り導いてくれる守護霊にあたります。

私達は決して一人で生きているのではなく、いろんな人様の御陰で生きています。

人はお陰様とよく口にしますが、お陰様とは影様、自分の神様、守護霊のことを表わしています。

何かのとき、お陰様というのは、それを心の底で知っているからなのです。

補助輪を外すと責任がでる

そして一人で運転ができるようになると自由に動き回りたくなります。親の介添えまたは手助けはいらないし、補助輪も邪魔になります。補助輪があると、デコボコの道ではかえって走りにくくなるからです。

それで補助輪を外します。

外すとそこに責任感が生まれます。自制、道徳心、交通ルールなど、すべてが備わったうえで自転車をこぐことになります。

人生でいえば、独り立ちして社会に参画することです。

このペダルをこぐということが、人生において非常に重要な意味があります。自転車をこぐのをやめると倒れるということです。しかしこぐという努力は面倒で大変ですので、人生ではそれをしたくない氣持ちになったりします。それが自我です。

努力をしなければ楽です。しかしこぐのを止めれば自転車が倒れるように、人生においても努力を怠れば不幸の道に進むことになります。

人は不幸になりたくないと思いつつも、つい楽な道を選んでしまいます。おわかりでしょうか。不幸になるのは楽なのです。幸せになるためには努力が必要なのです。

頭の中では努力しているつもりでも、実際はして

いないという人が多いのではないでしょうか。

しかし人生には山あり谷あり、いろんな場面で挑戦していかなければなりません。

楽を選び、上り坂は嫌だという人もいますが、山に登ったあとや努力したあとの快感は素晴らしいものがあります。

山頂に着くとその素晴らしさに感動し、息をハーと吐きます。それは心底から雑念を吐き出すということです。出すことで新しいものが入ってきます。

またハーというのはハハー、すなわちハハ、母に通じています。母というのは常にあなたに新しい生命の息吹を吹き込んでくれます。それによって新しい考え、感動が生まれ、やる氣が出てくるのです。

そうした親子の関係は、子供がいくつになっ

ても続きます。常に親は子供のことを氣にかけているものです。そういう意味でも私は、人生には常に補助輪がついている状態が一番いいと説いています。

なぜなら暴走しないからです。

ブレーキは自分の力でかける

ただし使命感に則《のっと》っていろんなところを探索しなければならないことがあります。そういうときには補助輪が邪魔になります。その場合、たとえ補助輪を外しても道徳心をもって自転車をこがなければなりません。

といって急にそれを身につけることはできません。親の教えを素直に聞き、道徳心、責任感、忍耐力など日常生活の中でしっかりと身につけておく必要があります。

親の教育はそのためにあるといっていいでしょう。

子供が一人で自転車に乗るようになったとき、親は事故を心配し「スピードを出してはいけませんよ」「飛び出してはいけませんよ」「人にぶつかってはいけませんよ」「よく注意をして乗るのですよ」などと教えた筈です。また、

「危ない、危ない、そんなことをしたらぶつかるよ」

「やっぱり、ぶつかったでしょう」

と予言者のようになって注意したこともあると思います。子供は、親の言うことを聞かないと危険な目にあうことを体験します。

それが自制心、道徳心、責任感、忍耐力などを育てていくことになります。

注意しなければならないのは下り坂です。下りはペダルをこぐ必要がありませんから楽です。と言って放っておいたらどうなるでしょうか。暴走します。勢いがついてブレーキも効かなくなります。

人生のブレーキは、自分の力によってでしか止めることはできません。暴走は破壊につながり周りの人にも迷惑をかけます。その人達も一緒に転げ落ちることにもなりかねません。

ペダルをこがなければ楽ですが、しかし幸せが離れていきます。楽とはサヨナラし、自転車をこぎましょう。

人生を充実した営みにする心得

充実した人生を送るには、いま生かされている今日一日を大切にすることです。今日が明日につながっているからです。

老いも若きも、実った稲穂のように頭を低くし、人様のお役に立つように心掛けます。そして今日一日に感謝します。

何事も最初の一歩から始まります。

その基本は種蒔きです。計画性を持って種を蒔くことが何よりも大切です。どんな種を蒔くかはあなたに任されています。

感謝の心を持って、人様のお役に立つことを忘れていなければ大丈夫です。

土に情熱という良質の肥料を加え土を肥やします。そして日々努力という水を絶やすことなく与えます。

自然の世界に暑さ寒さがあるように、人生にもいろんな試練があります。そのなかで着実に育てるという強い信念と根氣をもってことにあたります。これらの結果が、人生と仕事に充実という実を着実につけてくれます。

そして、大きく育っていきます。

それを収穫することで、充実した人生の実感が湧いてきます。その一番いい方法が、使命感にそって生きるということです。

使命感を知るために

細胞に記憶されている

使命感とは、生まれたときに定められた自分の歩みをいいます。使命というのは、現在やるべきことをやるということで、例えば今日勉強するというのは使命です。勉強して社会人になって家族を養うというのは使命感です。

使命感はその人それぞれに定められています。

そのようにいうと、人によっては、決まっているなら何も努力しなくてもいいのではないかと思ってしまいます。それは大いなる勘違いです。

人は必ず、この世で果すべき役割をもってお母さんのお腹に受胎します。しかし産まれ出てきた瞬間に忘れてしまいます。だから使命感などわからない、聞いていないということになるのです。

本人の意識として忘れてはいるけれども、細胞はきちんと記憶しています。誰もが使命感をきちんと授かって生まれてきているのです。

自由な心と行動が与えられている

神様は使命感を全うさせるために、私達に自由に考えることと自由に行動することを許してくださっています。

もちろんそれは、何の規制もない自由ではなくて、各自責任感を持つようにとも言われています。

責任感を持つということは、単に悪いことをしないというばかりでなく、世の中に役立つ人でなければなりません。そういう人は、道徳心があり忍耐をもって勤勉努力ができます。それを最初に教え導くのが両親であり、その基本になるのが人の躾《しつけ》です。

幼稚園、保育園の先生や保護者の皆様、このことをしっかりと意識して躾をしてください。親にとっても子供にとっても生涯にわたって幸せになる基盤がこの頃にできることになります。

ところが時に自分の人生に無関心であったり（または自分のことばかりに懸命《けんめい》で）、さらには子供を産みっぱなし、躾や教育をまったくやろうとしない親がいます。

このような両親は、「子供の自主性に任せてあります」というようなことを言います。聞こえの良い言葉ですが、実はこのような親子に限って、世の中の仕組みを学ばず、身勝手な行動を平氣でとり、人様には迷惑のかけ放題、人を殺《あや》めたり、事件を起こしたりします。

このような人には、楽な道を選ぶという共通点があります。

日々、使命感達成に向かって前進

例えば、何も努力しないように見えるヤクザ屋に身を寄せることは、その一つの表われです。一般では就職といいますが、このヤクザ屋は最低賃金の保証はありません。厚生年金も保険もありません。すべて自分の考えで体を張った日々を送ります。とことん自分の力で勝ち取る世界です。楽はないということです。

それに氣がついたとき自分の人生に目標を感じ、努力するようになります。まさに使命感がそうさせます。

ただ親分になるという道は、誰でもできるわけではありません。特殊な感性がないと耐え切れずに逃げ出します。

親分と子分の関係やその道の作法などは、会社勤めより厳しいものがあります。楽ができると思って入った道で、思いもよらぬ厳しい試練が、神様より与えられます。

選択は本人の自由です。しかし人生何をするにも、努力、試練に耐えうる精神力がなければ、人生を満足に生きることも、使命感を持って生きることもできません。

日々の修練というのは、使命感達成に向かって前進しているということです。

若いときは血が騒ぎ、あれも、これもと仕事に挑戦します。こういう時期には、横道に逸れないよう親は冷静に子供の状況を見て、会話をもって導くことが大切です。

女子二十八歳、男子三十八歳で自分の使命感を何となく肌で感じ、血が騒ぐのも沈静化して参ります。ところが、その状況になって人は満足しているかというと、ほとんどの人が満足していません。

なぜならその時期は、日々の生活が惰性に流され本来の自分の生き方に合わなくなっているからです。

だから苦しんだり、思い悩んだりするのです。それが試練ということです。

お参りするときに神言《しんごん》する意味

試練にあった時に大事なのは、それをどう乗り切るかということになります。そういう場合、人は不思議と自分の使命感にそって歩みたいと思うようになります。それで本能的に自分の使命感を知るためにお宮さんに足を運びます。

お宮では、まず参道（産道）を通ります。そして本殿の前でお参りをします。そのとき私は神言《しんごん》します。

神言とは、小さな声で自分の住所、名前を述べ、今までの人生の歩みの御礼と、これから

の願望等を、神様に通じるように申し述べることをいいます。

体が自然にお宮さんに向くというのは、神様があなたに御前に来なさいと呼んでいるからなのです。「御前」に来なさいとは、「お参り」に来なさいということで、「御前」「おんまえ」が「お参り」に変わっているわけです。

尊くも神様から御指名を頂くわけですから、神様の御前でしっかりと声を出して、ご挨拶をしましょう。

大切なことですので、もう一度申し上げます。参拝するということは、神様があなたを御前に来なさいと呼んでおられる。

神様から御前に来なさいとあなたはご指名されているのです。

それがお参りです。

せっかく神様が呼んで下さっているのに、黙って帰ってしまう人がほとんどです。それではいけません。お参りに行ったときには、御神殿前で自分の住所、名前を述べ、今までの人生の御礼と、これからの願望を小さな声を出して述べます。すなわち神言するのです。

なぜそれが大事かというと、心にこもったものを出すことによって、心の中が空になり新しい「氣」が入って来るからです。参拝とは、あなたが使命感にそって真直ぐに生きるため

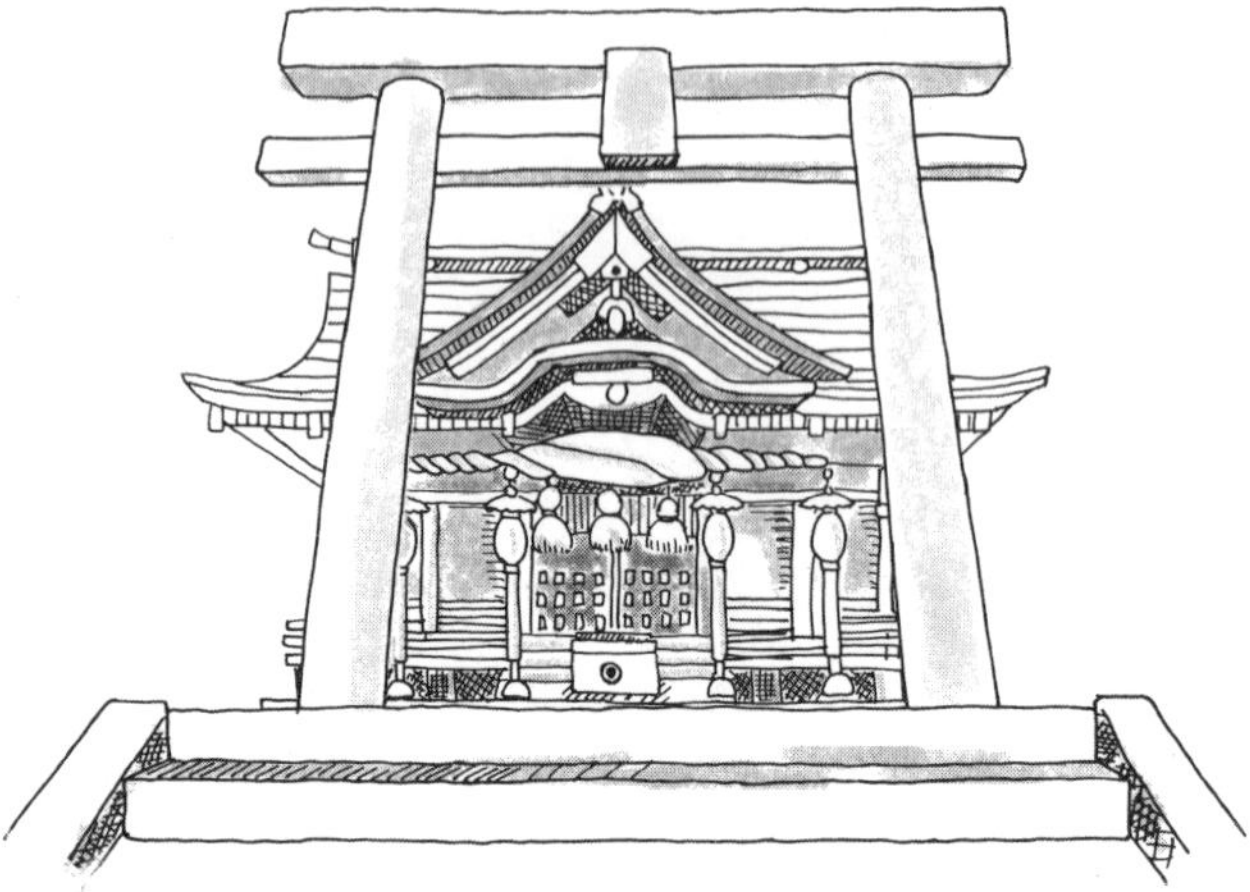

の務めということができます。

問題は、あなたが今まで、どういうお参りをしていたかです。今申し上げたように、これからは声を出して参拝してください。

これを身につけると、魂と守護霊が一体となり、あなたの心は満たされ、最高の道へと導かれます。

この本に出合ったのもご縁です。簡単なことです。実践してみてください。

大切なのはいま「幸せ」を感じること

今、参拝について説明しましたが、私が本書で言いたいのはどんな人でも今、幸せになる生き方があるということです。

といわれても、神様、守護霊、使命感というような言葉がでてくると、自分とは関係ない信じられないと拒否反応を示す人もいます。

そういう人も、ちょっとだけ耳を傾けてください。

私が最も大切にしていることは、「今」です。この世で幸せを感じなければ神様も仏様も無きに等しくなってしまいます。だから私は常に現実論、実践論、今どうするかを説いています。

あとはそれを素直に実行するかどうかだけです。

問題はここです。幸せになりたいと思いつつ、どうしても人というのはそれとは反対のことをしてしまうのです。

そのため自分の願う方向とは別な、不幸な道へと進むことになります。なぜかといえば、人間という者は放っておくと、楽をしたい、怠けたいという心に負けてしまうからです。

「そんなことはありません」と反論される方もおられるかもしれません。

それなら幸いです。これを機会にさらなる幸せな道を歩んでください。

あなたの体、すべてが神様の分身

私のところには、いろんな人が相談にきます。

使命感にそって充実した日々をおくる人が居る一方で、悩み苦しんでいる人が実に多く居ることがよくわかります。

その人たちに「神様を知っていますか」と質問することにしています。指導にあたって、どうしても必要になるからです。しかし、ほとんどの人は知らないと答えます。

そこで私は、最初に神様を教えます。


あなたの体すべてが神様の分身です。神の支配下で動く　心臓　肺臓　脾臓　肝臓　腎臓すべてを含みます。

これらの臓器は誰の力で動いているのでしょうか。あなたはそのために、乾電池でも使いましたか。使っていないはずです。電氣も使わずにそれぞれの臓器は無言で動いています。

おそらく多くの人は、誕生してから今日までそういうことは氣にもしなかったと思います。そこで改めてお考え下さい。

臓器は、人間の力で自由に動かしているわけではありません。動かしてはいませんが、あなたの心の持ち方でバランスのとれた健康な体を構築できるし、心のバランスを崩して病氣になることもできます。

それは臓器の全てが、あなたの心とつながっているという証《あかし》です。

このことは非常に重要な意味をもっています。健康になるにせよ病氣になるにせよ、全部自分の心が決めているということです。

でも病氣になるということは、神様の計らいでもあります。病氣になると数日間横たわることになります。その間自己反省をすることで体調が回復します。

このことを心の休息と申します。

病氣になって薬を飲むというのは、本能的に正常な体を保とうするからです。

心の歪みを朝夕見つめ直す

いま説明しましたように、心の持ち方で人は健康になったり病氣になったりします。では、その心とはどういう存在なのでしょうか。

人は神様から考える自由を与えられています。考えるというのは脳の働きであり、心の働きでもあります。すなわち、脳で自由に考えることができるというのは、「心の自由」があるということです。

ところが「自由」があるだけに、時には円満な心を歪めてしまいます。それが病氣の原因になったりします。

だからこそ、人は朝夕合掌して自分の日常の考え方や行動を見つめ直す必要があります。もし歪みがある場合、それを修正しなければなりません。

図はその関係を示したものです。円満な心が欠けると、慾、我慾がでてきます。

心
上から見ると
谷
欠
心
慾

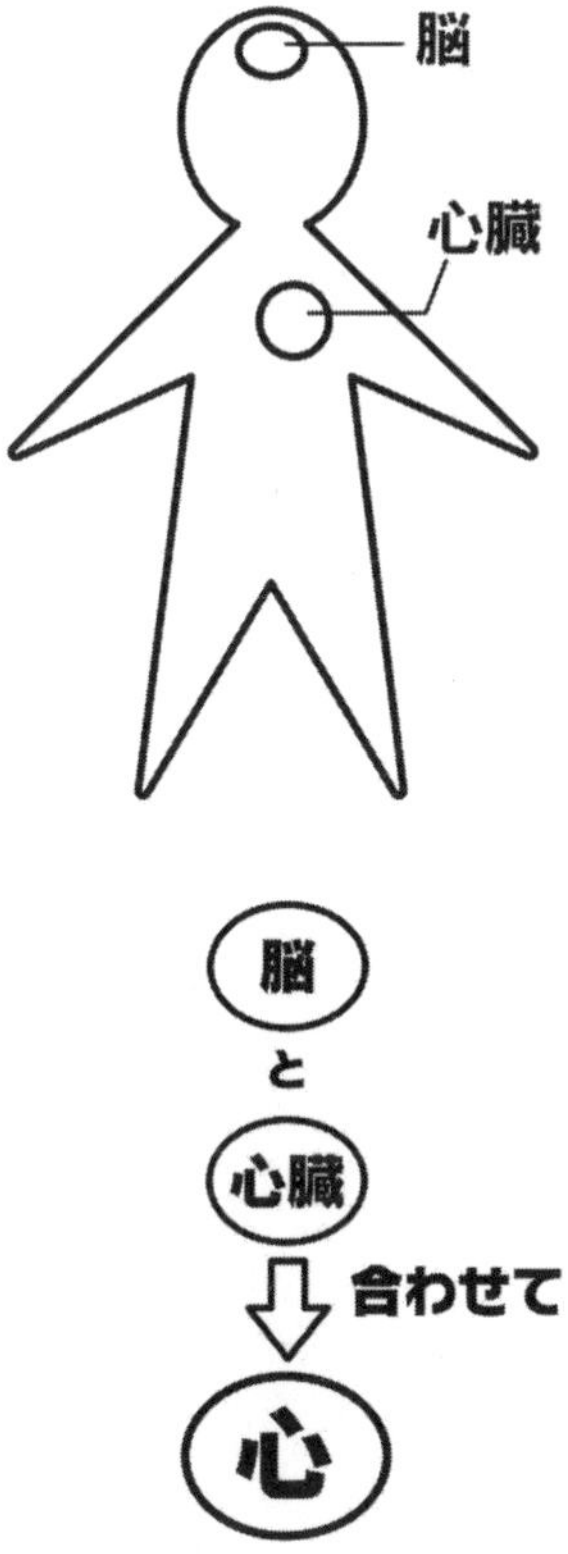
脳
心臓
脳
と
心臓
合わせて
心

心の相談ができるところを持つ

図のように、自我、我欲が先行すると、生活環境の歪みがだんだんと酷《ひど》くなり、人との交わりが困難になります。

そうなると一人で思い悩み、苦しむことになります。それを相談するため足を運ぶのが神官のいる神社や僧侶のいる仏閣、牧師さんやシスターのいる教会などです。

あなたの心の歪みを会話の中から掘り起こし、正しく導いてくれます。また浄霊もやってもらえます。

しかし今の日本の神職者や僧侶は、人を導くための修行や勉強が不足している状況にあるように感じています。誠に残念ですが、それが現実のようです。

しかしそのような環境下でも、しっかりと修行を積んで頑張っておられる神職者、僧侶もおられます。

そこへ、自分の心（魂）が納得できるまで足を運ぶとよいでしょう。しだいに考え方が穏やかになり、日ごとに歪みが修正されます。

老いも若きも、心の相談ができるところを持っている人は幸せです。

神様の申す通りに生きるから美しい

修行をしっかりと積んだ神職者や僧侶に相談すると、なぜ心の歪みが修正されるのでしょうか。神様のことを知ると理解できます。

神という字は、示すに申すと書きます。どういう意味かというと、神様は、人にこうあってほしいと常に生き方をお示しになっているのです。それが人それぞれに与えられている使命感ということです。

一般的によくいわれている、人の道です。

人の道とは、そう生きることが正しい道ということになるわけですが、神様のお示しになった通り行動するのが一番ということになります。

しかし一方的に神様からのお示しを待つばかりではなく、自分の思い、方針を御神殿の前で（示）し（申）すことも非常に重要です。

申し示すことによって自分の波長と神様の波長が合い、自然とチャレンジ精神が湧いてくるからです。それが人生の生き甲斐にもなっていきます。

ただし人は神様の分身ですから、人様に喜んで頂けるように働くことが条件です。すると神様からの加勢があり、望みも叶えられることになり、人生が輝くことになります。

真心をこめて人のお役に立つ仕事をしたり、母親が無条件で子供を愛する姿は美しいというのはそういう意味です。


人の道をわかりやすくいえば、早起き、正直、やる氣、根氣、辛抱で生きるということです。辛抱とは、心の棒とも書きます。自転車の補助輪にあたります。

あなたが辛抱をしなければならない時には、神様は補助輪のように常にあなたを補助してくれています。多くの人はそのことに氣がついておりません。忘れてしまっているのです。だから神様を知らないとなるわけです。なんともったいないことでしょうか。

でも知らないからと言って、特別なことをしなければ神様がわからないということではありません。日々生きていることが神様とともに生きているのです。だから怠けてはいけません。神様は怠けることを嫌うからです。

人生は、自転車のように怠けたら倒れます。

人の存在そのものが神秘

神様について説明してきましたが、神秘な現象もまた神様の一つの表われです。

神秘とは、人間の知恵では推《お》しはかれないような、生命体の不思議な現象を言い、それを私は神と表現しています。

それを素直にありがたいと感じることが、自分自身を神秘な存在と認めることにつながります。

ごく当たり前と感じている朝、昼、夜、晴、雨、湖、川、海、草、木、動物、生物の存在や出来事も神秘そのものです。

我々が住んでいる大地、地球が神そのものということです。

地球は太陽の子供、惑星です。輝き続ける太陽は神秘そのものです。そのエネルギーによって私達は生かされています。それゆえに太古の昔から、太陽は神と崇《あが》められてきたわけです。

太陽が消えたら地球上の万物は消滅します。人間素直になって現在あることに感謝しましょう。

人生を不幸にする生き方

少し頭を休めましょう。

幸せになる生き方ではなく、不幸になる生き方を考えてみたいと思います。そのほうが、わかり易いからです。

人は、幸せになる生き方を教えられても、なかなか実行しませんね。

なぜでしょう。それは、実行する内容が難しいからではありません。行動することが難しいのです。

逆に、不幸に進む生き方は、やめなさいといわれても、なかなか止められないものです。

なぜでしょう。それは、楽だからです。

ではここで少しお伺いします。次のようなことを、やってはいませんか。


常に不足、不平不満を言う。

人を傷つけるような悪口を平氣で言う。

大いに怠ける。

自分の利益になることしか考えない。

親に反発ばかりして感謝の言葉など決して言わない。

先祖、神様を粗末にする。

夫婦喧嘩をよくする。

食べ物を残し大いに無駄にする。

物を粗末にする。


どうでしょう。ついつい、やっているのではないでしょうか。

問題は、どうしてそういうことをやるのですかと聞かれた場合、「私はしたくないけれど、そうせずにはいられない」と理屈をいうことです。

そういう人は行き詰ります。注意しましょう。

簡単にいえば、この逆をやれば幸せになるということです。

愚痴多き人は幸運なし

自分では何の努力もせずに、何事にも不足を思い、不平不満をもらす人がいます。そういう人は、愚痴多く感謝する心を持たない生き方をしています。

それでも神様は、あなたの愚痴が納まるのをお待ちです。

そして神様は、勤勉努力するために健康な体が必要であると、あなたに健康な体をお貸しになっておられます。

それがわからず不足を言い続けるならば、神様はその人に哀れみを感じられご本人のために病氣をお与えになられます。それを涅槃《ねはん》の行といいます。


涅槃の行とは、病の床に臥せながら（体を横にして）、一切の煩悩から脱した不生不滅の悟りの境地になることです。有難いことですが、凡人にはなかなかそのような心境にはなれません。しかし病氣になることで、それに近い心遣いをするように仕向けられ、今までの身勝手な人生の歩みを振り返り、反省させる時間をお与え下さるのです。

尊い行です。大体胃腸の病氣になる人が多いのが特徴です。


あなたが反省して、もう一度元氣に働きたいという心が芽生えると、退院となります。しかしもっと反省を要する人には、肝臓や心臓の病をお与えになられ行動を抑制させせられます。

さらに人様の心を痛めつけるような人には、大金を払っても即座に治らない、神経系の病、リュウマチ　膠原病　腎臓病を科せられます。血液循環が悪化し手足が懐死、腐敗し最後は手足を切断されます。痛さによって悟らせようとしているわけです。それでも反省がない場合は、死するまでその病を持ち続けます。

本来、人は素直な心の持ち主になるようになっています。しかし余り人様に迷惑をかけたり、相手の心を傷つけたり愚痴を言い続けるようであれば、本来の自分に加勢するはずの守護霊が辛抱しきれず、行動を阻止します。

人様に迷惑をかけないようにと病に臥せさせ、いままで自分がしてきた行いを反省させるように仕向けます。

このような場合でも、守護霊は静かにあなたの体にピッタリ寄り添い、心の改悛《かいしゅん》、行いの懺悔《ざんげ》をさせるよう働きかけます。守護霊は自分の分身として本人の再生を待ちます。

このような人こそ一度鏡の中の自分の顔に向かって、自分の努力不足といままでしてきた暴言を懺悔するため、神言《しんごん》しましょう。

「神言とは、神様にご挨拶をする時に出す低い声のことです」

小さな声で自分の守護霊に向かってお詫び申しあげるのです。不思議と幸運の道に導かれます。

コラム　守護霊は自分の分身

恵子さん　いま、守護霊という言葉がでてきました。意味がよくわかりません。詳しく教えてもらえますか。

林　恵子さん、あなたは毎日鏡を見ると思います。鏡の中に映るあなたの姿や顔があなたの分身、守護霊です。

人は不満があると、他人にそれを聞いてもらって自分のことを理解してもらいたいものです。あなたは自分の不満をいろんな方にお話されたことはありませんか。

それで心は軽くなりましたか。

逆に迷いの中にどっぷりと浸かってしまいませんでしたか。

人は迷いの穴に落ちてしまうと、ますます深みにはまってしまうものです。冷静に自分を見る目を失って、自分がわからなくなってしまうからです。それで、どうしていいのかがわからなくなります。

しかし守護霊と対話すれば、迷うことはありません。次のことを実践して下されば守護霊と一体になり人生が好転します。

恵子さん　それは、どんな方法ですか。

林　守護霊は、常にあなたの身近に存在しています。守護霊を見たければ鏡を見たらいい。鏡の中の自分の顔が守護霊です。それに昼夜の自分の人影、それが守護霊です。おわかりでしょうか。あなたと守護霊は常に一体ということです。

そんなことといわれても、私には守護霊は見えませんという人が必ずいます。見えなくていいのです。自分を導いてくださる大事な守護霊がいると思って話しかければいいのです。

謙虚になり、思っていることを守護霊（鏡の中の自分の顔）に向かって神言（低い声で）して下さい。不思議とあなたの心が空になり、新しい人生へと駒を進められます。空にするということは、新しいものが入ってくるということです。

守護霊は常にあなたと一体ですから、あなたがお詫びすることで今度は一緒になって明るい人生を歩むように導いてくれます。

恵子さん、あなたも実践なされば元氣がでます。この本にご縁のない方にはあなたの口から幸せになるために教えてあげて下さい。教えたあなたの魂が輝きます。

昔、武士の妻は主人の影を踏まぬようにという作法がありました。影は守護霊、主人そのものということで踏んではいけないと教えられたわけです。

この作法は、家族を守り養う一家の大黒柱たるご主人様を敬う、すなわちご主人様の守護霊を敬うという姿勢を表わしたものです。

外でご主人を立てる女性の控えめな姿はとても美しいものです。

ご主人を立てますと家運が良くなります。

奥様の心遣い一つで変化が表われますので良いことは実践して下さい。実践して、初めて守護霊の存在を確信できるようになります。

恵子さん　守護霊が見えたら実践しますということではなくて、実践することで守護霊に導かれているということですね。納得できました。お友達にも教えます。

あなたの守護霊は元氣ですか？

守護霊は別に存在するものと一般に言われていますが、それは間違いです。守護霊は常にあなた方と一緒です。死するときまでピッタリとあなたを守っています。

守護霊は誰にでも見ることができます。あなた自身の影が守護霊です。また三面鏡に映るあなたの顔をご覧になってください。あなたの思いと違う顔が鏡に映っています。その顔がまさに守護霊です。

外出する際にあなたは化粧をします。そのとき守護霊は、あなたの心（目）に入り、あなたは一番美しいと励まします。

ところが誰でも自我がありますので、さらに美しくなろうと、つい厚化粧をしてしまいます。このときの顔は自我の顔です。本来は守護霊がこの程度の化粧が、あなたにとっては一番似合っていると思っても、自我（身勝手な心）のいうことを優先しますので守護霊は静かに辛抱されます。

例を挙げると、利き腕が右ですと鏡に映っている顔の左半分が両親と先祖が介在している顔の形です。右半分が今世、学習をしたあなたの顔の形です。顔の中心に前世の一部があります。利き腕が左ですと、逆になります。

あなたはどの部分が好きですか。左ですか、右ですか、中心の鼻、唇、ですか。自分の好きな部分によって、両親や御先祖様あるいは日常の環境から来る友のどなたが現在の自分を支えているのかを判断できます。


利き腕が右ならば、お茶碗を持つ手は左です。利き腕から見てお茶碗を持つ手の方は、ご先祖とご両親があなたを支えています。箸を持つ方の手は、あなたを支援して下さる人様のお陰があって物が口に運べます。あなた自身は口を開けて頂くのみです。

人様の尊い支援と健康な体を下さったご両親のお蔭です。それに日々感謝して世の中を渡らせていただいているという心を忘れてはいけません。

両親に対し不足めいた口答えはしないこと。

身の周りの人達と仲良く過ごすこと。

兄弟は仲良く力を合わせること。

これらが非常に大切です。

守護霊を味方にすると思い通りにことが運ぶ

日頃何氣なしに使う言葉の一つに、「お陰さまで」があります。普段からよく使う言葉ですが、誰に対して言っているのでしょうか。それはあなたの守護霊があなたにいつも寄り添い協力していることに対し、「お世話になりました」「有り難うございました」と感謝の氣持を表わしているということです。

守護霊を知らなくても、もうすでに守護霊に感謝している。それが人の自然な姿です。守護霊の加勢があるか無しかで、人生は大きく左右されます。自分の守護霊を身近に悟ることで誰しもが幸せな日常を過ごすことができます。

朝夕、鏡の中に映っている自分の顔や姿に小さな声でご挨拶することです。すると、生まれ持った使命感に早く到達いたします。

簡単でしょ。鏡の中の自分の顔にご挨拶をすることで、自分に運が向いてくるのです。元手はかかりません。ぜひ毎日朝夕続けてください。場所はどこでも構いません。とにかくやり続けることです。自然にそれができるようになればしめたものです。

よき因縁を刻むためには

神様や守護霊が出てくると、因縁という言葉を思い出す人も多いかもしれません。

因縁とは、あなたの（心）脳に蓄積された記憶、考え方からくる原動力のことです。（心）脳は、見聞きした情報を分析する大切な司令塔です。考えること、行動することはこの（心）脳から出る指示によるもので、それがあなたの現在の人生です。

ですから心を豊かにして、（心）脳の考えを入れ替えれば、あなたは新しい人生を歩むことができます。

この本との出合いは、まさにそうした守護霊の導きと言えます。


因縁をわかり易く仕分けると、次の三つになります。
（1）誕生前（前世）から、あなた自身の魂が承継している記憶
（2）両親の思いと願望が、脳に伝達され細胞に刻みこまれた記憶
（3）誕生してから、あなた自身が毎日学習している記憶
この三つの（心）脳の記憶からあなたの日常があります。

平成の時代に入り、親子関係で起きる殺人などの出来事の多くは（1）の前世からの承継によるものです。前世でひどい仕打ちにあい、必ず生まれ変わり仇を取るというような、言わば執念のようなものです。

新聞やテレビにて、これらは報道されますが、一般の人達に対しては二度とこのような悲惨な事件を起こさないように、という戒《いまし》めの告知にもなっています。道徳心の記憶に、悪いことをしないよう（心）脳に刻まれます。

（2）の親の願望とは、貴方の為にできうる限りの教育をし、人様のお役に立つような人格を身につけて欲しいと言う一途《いちず》な思いです。それが（心）脳に刻まれます。

（3）親から教わった教育と、自らが進んで学んだ学習による努力と道徳心で、あなたの人格がなり立っています。

これ等が一塊になった心のことを因縁と申します。

おわかりでしょうか。因縁は、親の氣持と私達自身の氣持によって、良いものに変えていくことができます。

だから、今が大切なのです。

今、今、今。今があなたの人生を決めていくのです。

物事の実現には必ず順序がある

自分の願いを実現するには、必ず順序があります。順序を間違うと、なるものもならないということになります。

人間の体は弓なりになって自由に動きます。その体（弓）にチャンスという一本の矢を添えるとどうなるでしょうか。引くという字になります。目標（的）に向って弓矢を射るという意味になります。

ただし、むやみに弓を引かないことです。順序があるのです。あなたの目標とするものが身近にくるまでじっくりと待つのです。そして的（目標）を察知したら、呼吸を整え思い切って弓を引き、一氣に矢を放ちます。

待つという忍耐、的を見て失わない正眼、それらを日常の生活の中で養う必要があります。

それが幸せになる基です。

それを修業といいます。修業とは、業《わざ》を磨く、それが仕業《しわざ》であり仕事です。日々の仕事を、真面目に一生懸命にやりなさいということです。

それによって自分が求める目標が少しずつ見えてきます。

仕事を趣味にする生き方

仕事も人間関係も、大切なのはバランスです。現実はそれがなかなかとれません。例えば仕事と趣味のバランスが崩れた場合、一旦停止してみましょう。四、五日静止してみると、自分がどっちに傾いているかがわかります。

普通は止まるとじわじわと悪い方向に行くものですが、バランスが崩れたり、自分がどっちの方向に進んでいるかがわからなくなったときには、それを改善するのに役立ちます。停止することによって、悪い方向に行く事を止めることができるからです。

それが間というものです。人生に限らず間というものは、武道でも茶道でも、落語などでも非常に大切にしています。休日もまた同じ意味を持っています。

休みというのは、自分の日常生活の進む方向が間違っていないかを確認するためにあります。ところが最近は週休二日で、日頃の自分の生活を振り返るどころか、大いに遊んで遊び疲れるという人が沢山います。

休みというのは、仕事の疲れを癒すということでなければなりません。

それができる最良の方法は、仕事を趣味にすることです。趣味となれば自分の好きなことをするわけですから、楽しんでやることができます。

仕事を趣味にしなさいという意味はそこにあります。

コラム　考える自由、行動する自由

神様とは、人間の体そのものを指します。そして神様は、あなたの体の九十九パーセントを支配し見守ってくださっておられます。

ただし残りの一％は、あなたに任されています。それは自由に行動することと、自由に考えることです。

現実の世界では、この一％が非常に大きな力をもっています。

第二章　迷いの解決法と占いについて

特に若い女性は、悩んだときや困ったときには占いに行くようです。それは否定しませんが、わけもなく信じることだけは、やめたほうがよいでしょう。ではどう理解したらよいのでしょうか。それを第二章でまとめてみました。

私は全て実践論です。こうなるということを自分で実践し、それを基にどうすればいいかを相談者に説きます。それができなくなったら指導はしません。そうでなければ無責任になります。

とにかく占いがいいか悪いかは別にして、頼るべき第一は、自分の神様、守護霊です。

人生に上り、平坦、下りの道あり

Yさん　占いを、まったく否定する者ではありませんが、占い師の所へ足を運び、かえって迷いのなかに入り込むような方がおられます。
　なぜ、そうなるのでしょうか。

林　それは占い師が、相談者の真の性格を理解せぬまま、迷いの解決法を説き、到底無理であろう指導を平氣でするからです。しかも最後には「それができないのは、あなたの責任」ということになり、何のために相談に行ったのかもわからなくなります。

なかには、帰りに御守りのような物を買わされ、しまいには暗示めいた言葉を聞かされノイローゼになる方も多々おられます。

　要は繰り返しになりますが、相談者が本来の自分の生き方、使命感にそって生きていないということが迷いの原因です。

　人には「使命」という、人それぞれ専用の道が、誕生の時から決められています。その道の延長線上に今日があるのです。

その道は、上り坂専用、平坦専用、そして下り坂専用の三種類があります。誰にも同じように準備されています。

平坦専用の道を歩んでいるときが一番安定しています。ですから人は毎日努力して、どうにか平らな道を歩ませていただいているわけです。

ところが知らず知らずに日々の努力を怠ると、下り坂に踏み込んでしまいます。そうなりますと、本能的に不安になり、氣が迷うことになります。

そのときは突き進むのではなく、前にも説明しましたように四～五日間、自分の歩んできた人生を静かに振り返り休みましょう。すると、迷いの原因が自分でわかります。

それでも氣持ちの整理ができないときは、あなたの使命感のわかる霊能者の方にご相談されますと、新たな氣持ちでスタートできます。

Yさん　素晴らしい霊能者の方は、どこにおられるか、わかりませんが……

林　そういう方は、一般的に看板もだしていません。

どうしても素晴らしい霊能者に会いたいと念ずれば、魂の曇りがとれ、守護霊があなたを素晴らしい霊能者に引き合わせてくれます。

Yさん　念ずれば良いのですか。

林　あなたが、本当に人生の岐路に立っているようなときには不思議と、素晴らしい先生に出会えるものです。

Yさん　霊能者の見分け方は、どのようにしたらわかりますか。

林　霊能者の方に、「先生はどのような見方をされますか。初めてですので教えてください」と聞いてください。
必ず、その先生は霊視なのか、霊感なのか、霊導なのかを話されます。

相談者が迷わぬように記録する

Yさん　林先生はどの部類に入りますか。

林　私は、霊視、霊感、霊導の三つを使って照合します。そして私の特徴は、指導の内容を紙にわかり易く書くことです。相談者が途中で迷わぬように、また私も不死身ではありませんので、何か事故でもあると大変ですので、必ず書き残します。

それを相談者にお渡しいたします。

Yさん　相談する側からすれば、安心ですね。迷わず勇氣をだして実行もできます。

林　迷って相談にこられていますので、わかり易く書くことは非常に大事です。

Yさん　霊能者はどなたでも書いてくださいますか。

林　私の知るところでは、書くことは怖いので書かない人が多いようです。

Yさん　お書きになるというのは、責任がでて大変と思いますが、いかがですか。

林　私には一つの決意があります。自分の将来が見えるうちは人の相談にも乗ります。自分が見えなくなったら、相談事を引き受けるのを止めます。

Yさん　それはどうしてですか。

林　主に経営者を指導致しておりますので、それだけ責任があるということです。なぜなら、経営者には大勢の社員とその家族の生命が掛かっているからです。おのずと金銭に係わってきます。プロジェクトを立ち上げた場合、事業化に至るまでには何十億円、ややもすると数百億円もの資金がかかります。指導したときには、慎重に冷静にことの推移をみて書くことにしています。常に真剣勝負です。

Yさん　凄いことですね。今まで間違ったことはありませんか。

林　ありません。すべて書き留めてあります。

Yさん　お聞きすると、指導された企業が世界に羽ばたいているそうですね。

林　これも全てご縁です。私の方からでしゃばって相談に乗っているのではありません。縁があって自然に出会います。そして相談に来られた人と私の使命感が燃え、世の中のためになってくださることを期待して指導にあたります。

経営者の方は、身体を張って相談に来られます。

そして私のところにお越しになる経営者は、創業の精神を大切にする人ばかりです。

経営者は実のところ、どなたも懐の大きい人達ばかりです。

しかし会社の代表をしていると、時折会社の命運を決するくらいの重大な決断をしなくてはならないときが年に数回はあります。

時には一人孤独になって、現在の問題の解決策をいろいろと思案することもありますがそんなとき私のところに来られ、考えを整理されます。

真剣そのものです。

Yさん　経営者が難問を決断し、重要案件が順調に運ぶことになれば最高ですね。

林　そうです。そのときは、お互いに喜びをわかちあいます。

奥さんを大切にするとうまくいく

Yさん　経営者の相談にのる場合、とくに氣にかけておられることはありますか。

林　初めて私のところに来られ、実行してうまくいきますと、自分の力でうまくいったと勘違いする人がいます。それが引き金になって、大事（失敗）に至る場合があるので注意が必要です。

そこで私は、最初にお会いするときに、必ず監視役と申しましょうか、奥様か、秘書の方を同席して頂くことを条件としています。そのことを、必ず念を押します。

Yさん　うまくいくと自分の力だと錯覚するのは、何だか思い当たる節があります。

しかし仕事について何もわからない奥さんに話をしても何の効果もないのではないでしょうか。また、男の立場を考えたら、仕事のことで奥さんから口出しされると、男が廃《すた》ると思うのではないでしょうか。

林　現在進行している仕事の流れを、仕事に関係のない奥さんに話をすることで、自分の考えが整理されます。また、ご夫婦で共通の話題ができることは良いことです。

奥さんというのは、長年連れ添ってきただけあって意外とご主人の性格を良くご覧になっておられます。奥様の言葉で軌道修正ができることが多くあります。

私は日頃冗談で、奥様のことを、お神様と申し上げます。意外と女性は六感が働き、鋭いときもありますので、奥さんではなく、お神さんです。

ですから奥さんを大切にしますと、日常うまくいきます。

サラリーマンもれっきとした個人経営者

Yさん　サラリーマンでも奥さんを大事にすると仕事もうまくいきますか。

林　そうです。サラリーマンでも経営の一端を担っております。仕事上の交友関係、社内の人間関係も同じです。

Yさん　経営の一端を担っているのはわかりますが、サラリーマンはやはりサラリーマンではないでしょうか。

林　あなたは根本的に勘違いをしています。サラリーマンというのは、単なるサラリーマンではありません。れっきとした個人経営者です。

わかり易く申しあげると、会社という暖簾《のれん》のもとで、社内の机、電話、商談室、外出に使う社用車などを使い仕事をしています。

その全ては会社からの借り物で、毎月かかる費用は全て会社が支払います。またあなたが留守のときに対応してくれる人の人件費も会社が払い、さらにはあなたが生活できるように、給料という形でお金を毎月支払ってくれます。

さらに会社は、あなたが頑張って成長し、会社に利益を還元してくれるであろうとの期待感を持って根氣よく待ち続けます。会社は、あなたの育ての親です。

お母さん＝産みの親は、せいぜい二十二年間の養育ですが、育ての親は定年までの四十年間あなたの面倒をみます。会社は、大変な責任を持っているわけです。

それを考えたら、サラリーマンといえども、全てに責任を持つ個人経営者であるという意味が理解できると思います。

Yさん　今まで、そのようなお話を聞いたことがありません。私など会社に余り貢献していないので、反省させられます。また、いま会社に在籍していることが幸せに思えます。改めて会社に感謝し、仕事に精を出そうと思いました。頑張ります。

林　そうです。謙虚な心になると、仕事が自然にあなたのところにご指名で入るようになります。朝会社に出かける前に鏡を見て、今日一日良い仕事ができますようにと声をだしてご挨拶をしましょう。

これを毎日されると宜しいでしょう。効果があります。あなたの守護霊が喜んで応援して下さるからです。日頃から自分の守護霊を大切に致しますと、揚々たる使命感の路線に導いていただけます。

日頃からご自分の守護霊を大切に致しましょう。

使命感から離脱してはいけない

Yさん　最後に、占いについて先生はどのように思われますか。差し支えのない範囲でお聞かせください。

林　占いを生業《なりわい》としておられる方がおられますので、失礼があってはいけません。相談を持ちかける人の氣構えにもよりますが、一般的に占いは《当たりません》。占いが当たるか当たらないかには、ポイントがあります。

先ず相談を持ちかける人の相談内容が、御本人の使命感にそっていることが重要です。そして占い師は、その方の使命感を見抜く力を要します。そのハードルをクリアしなくては、次に進む相談事は《当りません》。

それを見抜く力のない人が占い師をされますと、お客様に迷惑をおかけすることになります。占い師はそのことを念頭に置いて慎重に相談にのらなければなりません。

要は占い師本人の器と目的意識、たゆまぬ努力と強い意志があれば継続ができます。その結果、良く当たる占い師の先生となって評判になります。

占い師はお客様本人の使命感を見抜き、実行のタイミングを教える大変重要な役目です。教えを聞いたお客様は、自分の力を信じて実行し、弛《たゆ》まぬ努力と、必ず幸せを掴み取るという強い信念をお持ちになってください。

必ず使命感に近づき、次第に思いは達成されます。

Yさん　先生は占いを生業《なりわい》とされないのは何故ですか。

林　人様の相談にのるということは、その人の人生を左右することです、軽々しくはできません。言わば責任を感じているからです。

さらに申しあげるならば、私が相談にのってきた方たちは経営者が大半です。相談事は何十億円から何百億円のプロジェクトが殆どですから真剣そのものです。当たる、当たらないでは済まないことです。なぜなら、指導の一言が企業の明暗を左右するからです。ですから私自身、雑念が入らないように常に無我の境地に入る修行をいまでも積み重ねています。

普段は普通のおじさんです。氣負いがまったくないからです。

Yさん　私が知る上で先生のような方に出会ったのは初めてです。私が占い師であるなら看板を掲げています。

林　私は簡単です。自分の将来が見えなくなれば、人の相談は受けません。

今まで数百人の方を導かせて頂きました。それらの人達は大成功を収め、これから日本のために頑張って頂きたいと願ってきました。

そのなかでも人それぞれの考えで、使命感から離脱する人も見てきました。私はその人の心と考えを強制することはできません。

実のところ、私に魅力がないためと思っています。（笑）

そのときは、今回で人様の導きを止めようと思ったりもしましたが、身勝手な人は数年しますと成功した時の財産は全てなくなり、無残な身体で私のところに再度相談に来られます。

神様はその方に対して良く来た、良く来たと優しく対応されます。

私の世界には、不思議な世界が反面にあるのです。

Yさん　先生、腹が立ちませんか。

林　このところ、私も年齢的には社会で言う定年を過ぎています。集大成でご相談にのっていいます。お会いする人には次のことを守って頂くようにしています。強制ではありません。

使命感を達成し成功された後も、これまでと変わらぬ人生感を維持し、感謝の氣持を持続してほしいということです。

成功すると、多くの方が旧友との付き合いが自然と消滅し、成功してからの交友が急速に増えます。その人達に持ち上げられ本人が浮ついた氣持ちでいる間に、知らず知らずに下り坂の人生へと踏み込んでしまうからです。挙句の果てに悲惨な人生を送る人が多いのです。

これは守護霊と離別した現象ですので、そうならないようにと常に忠告しています。

Yさん　現在先生がご指導されている人の中に、守護霊と離別しているような人はおられますか。

林　そのことは、ご本人の徳にお任せするしかありません。

それは別として、この本をお読みになられた方の内で、一人でもご理解くださり実践してくだされば、本書の出版も価値があり、私としても大きな喜びです。

人は平等です。どなたでも幸せになるチャンスはあります。大まかに見てチャンスは五回あります。分類しますと
①進学
②就職先
③恋愛相手

④結婚生活と子供
⑤日常の仕事
それをどのような内容で、どのタイミングで掴《つか》むか、掴まないか、それが人生観を大きく左右します。

あなたの幸せを一番応援して下さる方は、あなた自身の守護霊です。

次に親、兄弟、友人、知人です。このことを常に忘れないで下さい。何事にも感謝、感謝でいくことです。

できれば、第一章から第二章までを十一回読み返しますと、自分と自分の守護霊が一体となり、体が軽くなります。そのわけは、自我や猜疑心が抜け去るからです。

人は平等に幸せを掴むチャンスが与えられています。日頃から人様の喜ぶお手伝いをさせて頂くという清らかな心、素直な心になりましょう。

これがあなた自身の、将来に向かっての種蒔きです。

必ず実ります。

清らかな心を持つ人のお手伝いは、喜んで致しましょう。

占いといってもいろいろある

Yさん　最後に、占いについてわかり易く説明をしていただけますか。

林　占い師にも相談事の内容に対して、得手不得手があります。相談者はそこを見極めることが肝心です。

これから申し上げることは、私の感じていることです。他にもいろいろのお考えの方がおられますから、自分の肌に合うものを選んで下さい。

相談者は、項目ごとに次のような％で努力することが必要です。

・**霊視**　相談者は一％の努力が必要です。

御本人の驚くような身近な日常の出来事の答から、二十五年先の将来像迄を紙に書き留められますので、歩む道が分かります。

・**霊感**　相談者は一五％の努力が必要です。

霊能者の思い浮かぶことをお話されますから、紙には書き留めません。御本人がしっかりと書き留める必要があります。

・**霊導**　相談者は三五%の努力が必要です。

相談者の氣と合わせ、会話の中から判断された言葉で言います。

・**六感**　自分の思いを実現するために四五%～五〇%の努力と忍耐が求められます。自分を信じること。雑念を払えば確かな確率です。

・**感**　自分の雑念が入り、迷いが生

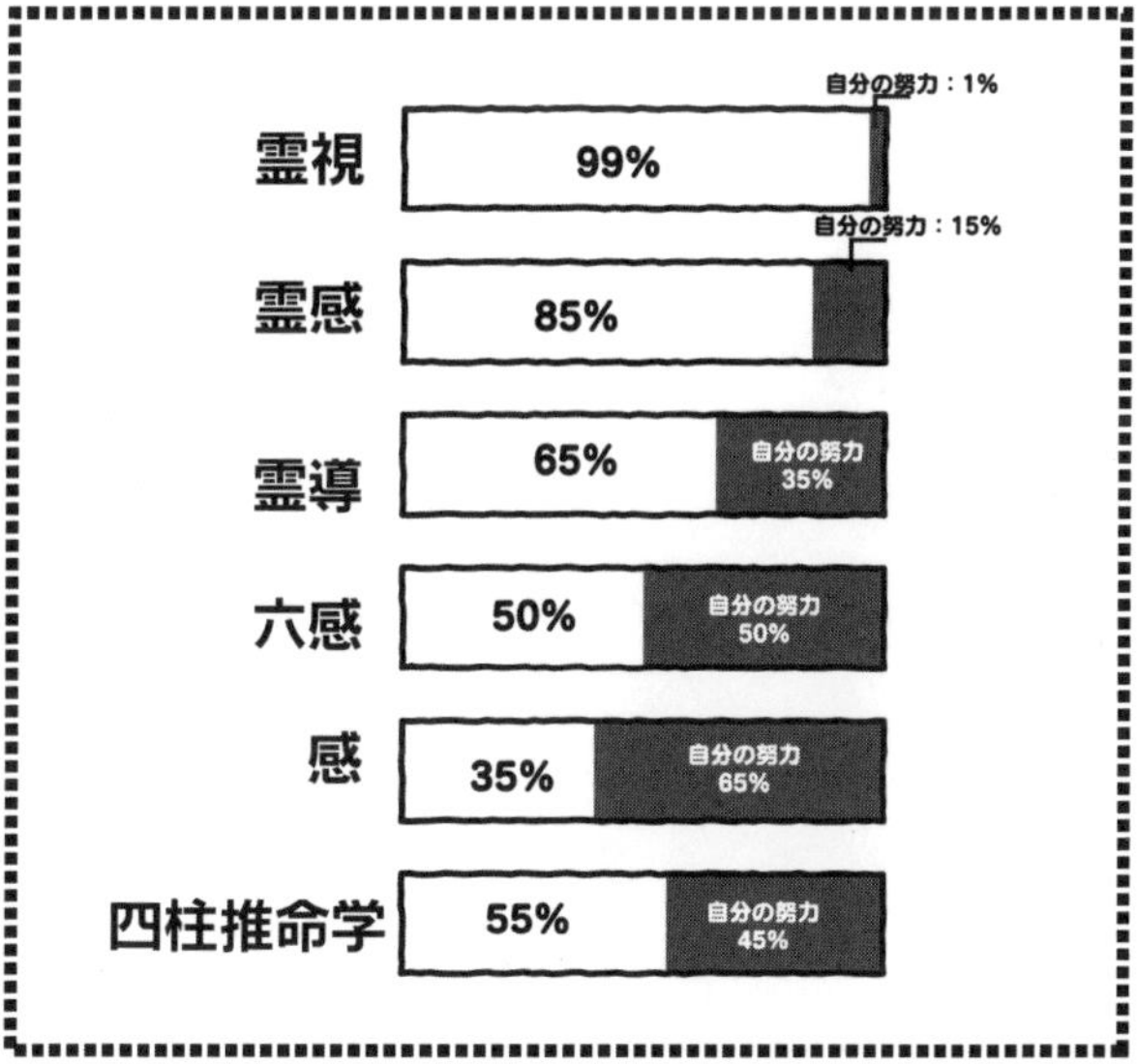

じて決断ができないので、実行には十分注意をして下さい。自分の努力が六五％必要ということは、そういう意味です。

占い統計学

※家相学からくる家運は高い確立です。家相は、家土地の相と家の間取り（玄関、台所、便所の位置）と、外観の造りの三種類を合わせてみます。家を買う、造る場合は、事前に家相専門の方に相談をされますと、悪い方向には進まないでしょう。

家族一人一人の持っている因縁［個性］により豊かさの感じ方が違います。皆さんで家運の良くなる努力をしましょう。

※四柱推命学　相談者は四五％の努力が必要です。本人との会話を組み入れて、判定となります。聞く御本人の納得度いかんです。

※手相占い　掌《てのひら》に現在の暮らし振りが三五％～五〇％の確率で表われています。未来は手の表（甲）に隠されています。一般には掌をみて、会話からくる誘導尋問で判定されます。

※トランプ占い　八卦《はっけ》占いは御本人とは関係なく、占い師が並べた卦が参考にされ、統計的な答えが聞かされます、御本人の心の受け止め方次第です。

※色調占い　依頼者の育った環境にも左右《さゆう》されますし、そのときの氣持ちにも心が晴れたり曇ったりします。自分の生活環境の中で明るい色を選んで下さい。

占いは相談者本人の日々の努力と、目標に向かう達成意欲次第で《当たり》もしますが、自分が努力する話は多くの人は嫌がって聞き流すので《当たりません》。自分に都合のよい話を聞きたくて相談する人が多いのです。だから余計に心が満たされず不満の日々を送ることになります。

総合的に占いというのは、相談を持ちかけた御本人の動機づけや、忍耐力をもって日々希望に向かう努力の原動力となれば一番良いことです。

しかし占師が、本人の力量と環境を無視して、成功するとか念願成就するとか言うことで、御本人はそれを鵜呑みにして失敗する例が多いのです。

ですから、よくよく考えて行動をしてください。

霊視のできる先生に出会えると宜しいですね。あなたの使命感を後々のために紙に書き添えて頂けます。普通二十五年分教えて頂けます。
ぜひお会いできる心遣いをして日々頑張りましょう。

コラム　占い大好き自己意思喪失症候群

この事例もついでにお話ししましょう。
この症状は鬱《うつ》病にはなく、躁《そう》病に近い人と申し上げます。
日常、何をするにも自己決定ができない、他人依存症の人です。

松田末子さん　先生おはようございます。今日お友達と芝居を見に行きますが、今日は何を着て行ったら良いでしょう。

林　あなたの好きなお洋服でお出かけ下さい。

松田末子さん　洋服はこれでいかがでしょうか。バックはこれでどうでしょうか。靴はこれでどうでしょうか。電話で申し訳ありません。

　最近この様な人が増えています。自分で決めることができません。一人暮らしが長く、部屋で独り言をいう人は、そういった自己意思喪失症候群の予備軍です。できるだけ部屋に犬や猫等を飼ってください。世話をすることで、意思決定が自然と身につきます。

占い師の言葉を丸呑みして大失敗

自分の力量を考えずして、自分に都合のよい相談を持ちかけ、占い師に成功するよと聞かされ、努力を怠り無計画で実行する人がいます。そういう人は、腰砕けして失敗する例が多くなります。

自分の力量を知るべし。身内はしっかりと本人の行動を監視しましょう。

仮に保証人が必要な相談事ならば、さらに内容を把握すること。暴走は禁物です。

こんなことがありました。武田真一さんのお話です。

武田さん　先生、私はある人の紹介で、良く当たるという占い師にちょくちょくみて頂きました。あるとき「自分は仕事を始めたいと思っていますが、先生いかがでしょう」と相談しましたら、儲かりますと言われたので仕事を始めました。
が、今日まで損ばかりです。いかがしたものでしょうか。

林　武田さんの相談の仕方が悪いですね。そもそもあなたは儲ける思いが先行して、仕事に対する事前の研究と努力が不足しています。

占い師の方は、あなたに悪いから「その仕事は努力をすれば儲かります」と言われたはずです。

損ばかりしているのは、仕事を始めるに当って、事前調査と注意点をあらかじめ研究しなかったためです。やるべきことを怠ったのです。

あなたが一番悪いのです。

仕事は相性というものがあります。選択の自由はありますが、何でも良いというわけには参りません。相談するにしても、それを理解した上で受けてください。

この相談の件は、私から武田さんをみますと、早晩この仕事から手を引きます。毎月の損がとても大きすぎます。

第三章　神の啓示を受けて

神から啓示を受けた物語

私の話には、よく天之御中主神《あめのみなかぬしのかみ》、守護霊様、ご先祖様がでてきます。初めての人は、そんな神がかりの話は嫌だと感じるかもしれません。信じる、信じないは別として、私が神様から啓示を受けたのは事実です。それが私の行動の原点になっていますので、そのときの様子を述べることにします。

迷える神道学科の学生さん達

私が国立大学で講義をしていると聞いて、神道学科の学生さん五人が面会したいと、はるばる訪ねてきました。

五人衆　私たちは神道学科で、神様について勉強しています。教科書には様々な神様の名前が書いてありますが、それらをどう理解したらいいのでしょうか。

林　君達は神道を勉強して、卒業後どこかの神社に就職（奉職）すると思います。各神社には、それぞれ御祭神があり、その下で働くことになります。

　御祭神の名前を挙げれば、商売の神様、勉強の神様、安産の神様、交通安全の守り神様、海上航海安全の神様、大漁の神様、死後の魂を御守りする神様……いろいろあります。

　それが自分の願いに叶う神様であれば、信者さん達の心は安らぎます。そういう計らいがあって先人は、神様の働きを幾つもの名前をつけてお祭りしてきました。

　神様を分別することで、人々の心に参拝する目的意識が芽生えます。しだいにそれが習慣となり信仰心が強くなっていきます。

　仏の世界も同じく、仏様にもそれぞれのお役目があります。阿弥陀如来、千手観音菩薩……、現在も修行中と言い伝えられている不動尊の化身であるお稲荷さん、商売繁盛の仏様、数え挙げればきりがないくらいの神仏が登場します。

S君　先生の崇拝されている神様はどなたですか。

林　天之御中主神《あめのみなかぬしのかみ》です。

Y君　その神様はどのような神様ですか。

林　わたしは神典（神話や上代の逸話がかかれた古事記、日本書紀等の書）というものを読んだことがありません。すべて神さまに聞いたとおりのことを実践するのみです。しかしこの神さまのお名前は君達が神道学科に入学して、最初に手にした古事記という本の第一頁に書かれているようです。原文を参考に記します。

神代一之巻《かみよのはじめのまき》

天地初發之時《あめつちのはじめのとき》。於高天原成神名《たかまのはらになりませるかみのみなは》

天之御中主神《あめのみなかぬしのかみ》。次高御産巣日神《つぎにたかみむすびのかみ》。次神産巣日神《つぎにかみむすびのかみ》

此三柱神者《このみばしらのかみは》。皆獨神成坐而《みなひとりがみなりまして》。隠身也《みみをかくしたまいき》。

（古事記上巻《ふることぶみかみつまき》）

K君　古事記の最初の部分に一度だけご神名が出てくるだけで、あまり存じ上げません。授業でも深くふれることはありませんでした。

林　今から六十二年前（平成十九年時点）、戦争で日本はアメリカに負けました。このくらいのことは、君達も知っていると思いますが、戦争における日本人の戦いぶりは凄かった。国のためには喜んで命をもささげる勇敢さや団結力を、アメリカ人は恐れていたのです。

その日本人の国を思う強い精神力、日本人魂は神道が基になっているとアメリカは考えました。そこでアメリカは日本を統治（昭和二十年八月末から昭和二十七年四月まで）するにあたり神道は災いになるとみて、国民が崇拝しないように仕向けたのです。

その結果、国民が神社から遠のき、神主さんがおられない神社もできました。現実、皆さんの近所の神社も、そのようなところがあるのではないでしょうか。そのために神道学科を卒業しても、受け入れて下さるお宮さんの数に限りがあり、卒業後異業種に就職する人達が大勢いるわけです。

私はこのようなことに対して深く係わったこともないので、軽はずみなことは申し上げられませんが、せっかく神道を学んだ人達が異業種に就くのは誠にもったいないことです。

神主さんが常駐しておられない神社でも管理者はいるはずです。なんとか、そういう人達を招く手だてはないものでしょうか。

神社を参拝するということは、国民の心をきれいにします。神社が日常その地域の中心になることで、大人も子供も神社（神様）が身近になり、心豊かな信仰心を持った人に育つのではないかと思います。

それをさせないように仕向けられたわけですから、現在のように日本人の心から倫理、道徳がなく無っていくのは当然と言っていいでしょう。アメリカの占領政策は成功した訳です。

今こそ日本人の正しい宗教感を見つめ直す時が来ていると思っています。

十七歳で神の声を聞く

S君　先生は神様のことをどのように思われておられますか。

林　私は、この世に神仏などはいないと思っていました。ですから、ある出来事を体験するまでは無神論者でした。それがなぜ神様のことを言うようになったのか、その体験をお話しします。

十七歳の夏、暑苦しい日曜日でした。昼寝をしていた時のことです。フト氣がつくと壁に綺麗な景色が映し出されているではありませんか。

当時は幻灯機と言って、フイルムの後ろから明るい電球をつけて映像を映し出す機械がありました。それを使って誰かが壁に映していると思いました。

しばらく見ていると、耳の後ろから、

「貴殿は私の使い人になって欲しい」

と声が聞こえました。とっさに私は
「自分の思っていることを叶えて欲しい、そうしたらあなたの言われることに従います」

と軽くつぶやきました。

「ならば今見ている所にきなさい」

と聞こえました。その時はそれで終わったのですが、実のところ私は自分の空耳と思っていました。

それから数週間過ぎたある日、空耳と思っていた声がまた聞こえてきました。しかも私に真剣に話しかけてきたのです。

「貴殿の望みを叶えて進ぜるので余の下にきなさい」

K君、S君、Y君、F君、M君達五人は、固唾《かたず》を飲んでそれ以後の話に興味津々です。

林　君達は神職の道に進む以上、これからこの世の中の信じ難い出来事にも遭遇すると思うので、私が体験した事実を述べます。

信じる、信じないは皆さんの受け止め方に任せます。

五人衆　ぜひとも、その先のお話を聞かせてください。

林　では話を続けましょう。

神様の啓示に従って私は、東海道線名古屋駅を朝七時半頃に出発する比叡一号に乗り、近江八幡駅に着きました。

「駅前に長命寺行きのバスが待っているのでそれに乗れ」

と言われるままにバスに飛び乗りました。確か九時七分発のバスと記憶しています。ボンネットバスで、細い道を約四十五分位、終点まで乗りました。

行き着いた所はとても静かで、怖いくらいでした。

「長い石段がある。それを登りなさい」

と言われるままに、恐る恐る石段を登りました。一一八〇段の不揃いな階段でした。無我夢中で登ると大きなお寺、国宝の長命寺に到着しました。汗はダクダクと流れ、これで終わりと思いきや、また神様から声がかかりました。

「このお寺の左に鐘突き堂がある。その横を通り抜けて山道に入れ」

と聞こえたので、また恐る恐る歩き始めました。ところが進む先は人氣がなく、笹薮が生い茂って私の前途を阻《はば》んでいます。しだいに帰りのことが心配になりました。

長命寺への長い階段のスタート点

それでも山道を進んでいくと、以前映像で見たと同じ景色が目の前に現れました。荘厳なる静けさ、風で樹木が擦れ合う音しか聞こえてきません。そのなかを、三十分くらい歩き進みました。

その細い山道で、茶色の蛇がとぐろを巻いているのを知らずに踏んでしまいまいした。足元がヌルッと滑り、慌てて山道を走りだしました。すると蛇も私を追いかけてくるではありませんか。

恐ろしい所に来てしまった。反省しながらしばらく山道を歩くと、また映像で見た景色に出合います。やれやれと思うと、まださらに、

「この山を登りなさい」

という声が聞こえます。

国宝長命寺の本堂と三重塔

長命寺にある鐘楼

蛇の出る大岩場 これが厳しい登り道になっている

やっとここまで来たのに、さらに登る。「おいおい大丈夫なのかよ」と一瞬不安がよぎりました。

今までに見たことのある景色であることは確かです。

ところがここからが話にできないくらい怖い地形で、急斜面な岩の階段が延々と続きます。当然登り坂で、転んだら確実に死ぬというくらいの難所です。

それこそ無我夢中になって、ダクダクの汗をかきながら長い時間登りました。

感じとしては、随分高い山に登ったような氣がするわけですが、森に覆われ外の景色が全く見えません。

不安な思いと、ここまで来たらからにはとことん先に行きたい！　という氣持ちが同時に湧いてきます。

太陽が自分の頭上にあるので、もう昼ごろというのはわかりました。でも、まさかこんなことになるとは思ってはいません。昼の弁当も持ってきていませんし、今のような便利なペットボトルなどない時代です。のどが渇くし腹も減る。

がしかし、早く目的地にも行きたい。神様との約束を果たしたい。その一念で前に進みました。

思い通りに全てのことが運ぶ

しばらくすると、急に景色が開け巨岩石の所に出ました。休憩はしてはならない。座っても駄目との約束です。

その巨岩石の間を通り抜けると、さらに大きな岩があり、その横を通って行くと、

「余が待っている」

と聞こえます。

正直、また蛇が出るような感じがする所です。そう思っていたら、今度は蛇のかたまりがいるではありませんか。一瞬青ざめました。今にも飛びかかってくるのではと思えるくらい

天照皇大神といわれる岩（二つに割れている）

沢山の蛇のお出迎えです。冷や汗と鳥肌が立ちました。

今だからお話ができますが、その時は「二度と来ないぞ」と思いました。

逃げる元氣もなく静かに通り抜けるしかありませんでした。

そこから五分ほど歩いて、ようやく目指す所に到着です。

ここまで来るのに正直言って無我夢中、どのようにして来たか覚えていません。でも、家の壁に映し出された映像と同じような景色に出合い、やはり神様の案内でここまで来たということはわかりました。

しばらくは余りの疲労で周りに目をや

頂上から望む近江八景の一場面（琵琶湖）。遠くに比叡山

る余裕すらありませんでした。しかし少し時間を経て氣持ちが落ち着いて周りを見渡すと、心晴れ晴れ、言葉で言い表わすことのできないくらいの絶景でした。

私は巨岩石の前に土下座を致し、静かに目をつむり、ここまでご案内下さいました神様に感謝を述べました。そしてこのように神様と交信できる自分に、大きな使命感のようなものを感じ取りました。

しばらくしたら、神様の声が聞こえるではありませんか。その時、正直これ以上更に歩けと言われたらもう出来ませんと言おうと思っていました。優しい声で、

「これから貴殿は日本の国政を正し、

国民の幸福に結びつく人道的世直しをするであろう。分からぬことは素直に聞くと良い」

実に有難いお言葉なのですが、お話の内容があまりにも現実離れしていて、当時の私の年齢からして、世間でこのような出来事を口走ればキチガイ扱いされると思いました。

今にして思いますのは、神様は私の将来展望をお話になられたのだと思います。

それから不思議なことの連続です。思い通りに全てのことが運びます。このことを人助けに使えないものかと各種試しますと、更に不思議なことが起こります。

それ以来、口伝えで私のことを知る方々が増え、多面的に相談を持ち込まれるようになりました。その当時から、大企業の経営者も多数相談に見えました。心のまっすぐな方は今日まで企業としても優秀な業績を上げ、現在は次の代の経営者がしっかりと受け継いでいらっしゃいます。

以来この登山は一年間で十四回から十六回行っております。平成十九年八月現在で、六七一回を数えることになりました。

以上、自分が体験した神様との遭遇の物語です。

五人衆　ありがとうございました。

林　君達はこれからの日本を背負って立つ、言わば先導役でもあります。神官職を全うできるよう心を清め、多くの人達を正しい方向に導いてください。

五人衆　そうなるように励みます。

林　いつか君達も神様から御指名がきます。人間である以上無心になることは大変難しいことですが、簡単な方法があります。

合掌をした手を額に静かに近づけることで、一瞬のうちに無心になります。

五人衆　こうするのでしょうか。

林　そうです。素直な心で真似をすることが大事です。一人のときに、ぜひ実行してください。

第四章　人は迷いながら自分の道を見つける

人生をコップ一杯の水にたとえれば

あなたは、人生をコップ一杯の水にたとえた場合、どれを望みますか。

（1）水があふれんばかりのコップ
（2）八分目水が入ったコップ
（3）五分目水が入ったコップ

（1）を選んだ方は計画性に欠けることと、努力を惜しみ、行動をしない人に多い。強欲な人が選びます。心が貧相な人です。
（2）を選んだ方は計画性に富み、性格が元来明るく、行動的、考えに余裕があります。
（3）を選んだ方は一見無欲に見えますが、実は根本的に（1）を選んだ人と変らない人生観を秘めています。進んで行動することがなく、人生なるようにしかならないと決めつけている人で、常に不満と不足が顔に現れています。

生き甲斐を持ちましょう。人生が変わります。人は自らの考え（心）一つで幸福な人生を歩むことができます。

補助輪の存在を忘れてはいけない

人間はバランスで生かされています。バランスというのは、自分一人ではとれません。必ず、友達、奥さんなど、複数の人が必要です。

自転車のたとえでいえば、補助輪です。

ところが自転車でも人生でも、倒れなければ自分はヒーローです。何もかも自分の力でやっているような氣持ちになってしまいます。

後ろを振り向けば補助輪がついているのに、それをいつの間にか忘れてしまう。それが多くの人が味わう人生というものです。

それではいいわけがありません。それを氣づかせてくれるのが試練です。

試練は、あなたが正しい道、バランスのとれた人生を歩むように導いてくれます。そのように考えれば、素直に試練を受け止めることができます。

不足、不満を言う人は、どんな状況でもその癖がでます。不足、不満を埋めてくれるのは他の誰でもありません。あなた自身なのです。

素直な氣持ちで試練を受け入れることができれば、癖は直ります。

恵まれすぎている人の悩み

「誕生から今日に至るまで、心が満たされたためしがない」という人がいます。あまりに恵まれ過ぎているために、恵まれていることにすら肌で感じられない人がいるのです。

一般的に言えば人の悩みというのは、ほとんどがお金さえあれば問題解決です。九十八％お金があれば心が満たされます。ところがお金に恵まれすぎている人の悩みは、普通の経済状態の方から見れば首を傾げたくなるようなものです。

現在お金持ちの方、その立場になったのは自分の力なのか、または与えられたのか、それをしっかりと把握しておいてください。

心が満たされない病になるのは、ほとんどが与えられてお金持ちになった人達です。

そのような方は心の病にかかるほど嫌なことを言われたことがなく、知人に少し中傷されたくらいで寝込んでしまいます。

こういう話を聞くと、何と贅沢なと思われるでしょうが、ご当人は真剣に悩みます。本当に満たされていないと思い込んでしまうのです。

人によって色々な人生があります。今のあなたが一番幸せだと思うことです。

それでも幸せを感じない人は、四年に一度の閏年《うるうどし》に幸せをつかむ心構えで生活すると、不思議と幸せが実感できます。その年までお待ち下さい。

ひがみ根性は自分の進歩を遅らせる

自分の努力や日々の暮らしを棚に上げ、人の生活を羨んだり、ひがんだり、癇《かん》にさわるという人がいます。こういう人は非常に問題があります。

優雅に見える他人の元の素性を知らずして、思いだけが先走ります。そして、ひがみ根性が自分の進歩を遅らせるだけでなく、性格までも曲がり、人が近寄らなくなります。

往々にして、隣の芝生は青く見えるものです。これは育った環境にもよりますが、希望を持って現在の環境に感謝しつつ、日々を真面目に働いていると、幸運が巡ってきます。

人それぞれに人生のパターンが違います。他人と違うからといって、決してあせらないことです。

あせり、ひがみは、心にも身体にもいい影響は与えません。常に感謝の心をもってことにあたりましょう。

集団症候群からの脱出法

あまりにも周りを氣にしすぎて、かえって周りに振り回される人がいます。立ち止まって自分を振り返ることをしない人の特徴です。

自分らしさを見失い、生き甲斐も覇氣も感じません。そのような集団症候群にかかっている人が、そこら中にいます。

指示をされれば行動はするが、自ら積極的には動こうとしない。意見も言わない。

このような人は転職回数が多くなります。また、どこへ就職しても役に立たないので、三ヵ月の見習い研修期間で追い出されてしまいます。

解決方法は、一人だけで仕事を受け持つ職場を選ぶことです。それで、集団症候群から脱出できます。

大局を見られない人は損をする

あなたは、重箱の隅をつつくようなことばかり言っていませんか。

大きな得（徳）を取り逃がすことになります。

そういう人は、「細かいことに氣を遣うことこそ正義」と信じています。物事を大局的に見ないので、他人に嫌われてしまいます。

この性格は、育った環境が多分に影響しています。

単身の内は良いけれども、結婚してからも続くようではいけません。夫婦のあり方をよくよく話し合い、幸せの形を二人で築いていきましょう。

男も女もこのことには注意する必要があります。

自分で氣がついていないだけに始末が悪い。互いに煙たがられないよう心を広く持ちましょう。

ものごとを見るときには大局で、行動は小局でいきましょう。

訓練をすれば直ります。

もったいない信仰の失敗

ものを大切にすることはとても大切です。しかし目先のことだけを考えてもったいない行動をとると、むしろマイナスになってしまいます。注意しましょう。

「もったいない」旅行編

1
旅行へ行く
2
たくさんのおみやげをついつい買ってしまう
3
すっごい荷物
宅配便代がもったいない！から無理して持ち帰る
4
1000
1000
1000
マッサージに行く・・・・

その一　自由席

自由席に座れずに腹を立て、車内販売で飲み食いし、使ったお金がグリーン車料金を超えてしまった、ということにもなりかねません。

自由席のほうが安いわけですが、空席状況の判断を誤ると、体は疲れ生理的にも良くありません。「一文惜しみの百失い」とはこのことです。

指定席に座って飲み食いはせずに体を休めれば、時間を有効に使って普段できない勉強もできます。

その二　宅配便

旅行先でみんなに贈るお土産を沢山買い込み、宅配費用がもったいないと自分で持ち帰ることはしていませんか。次の日、疲れて宅配便の倍もつぎ込むマッサージ料金。

若い人にはありませんが、年配者にはよくある光景です。自分の肉体的衰えを忘れ、肩をよじり五十肩。アー、あの時宅配で送れば一五〇〇円で済んだものを、変な節約、もったいないが徒《あだ》となります。

年齢と体力を考えて判断致しましょう。

その三　タイヤ交換

磨り減ったタイヤの交換を惜しみ、スリップ事故。新品のタイヤ代金の四十倍もの修理代がかかりました。

昨今は、多くの家庭で複数の自動車を所有されています。車はタイヤによって走ります。あなたの命を乗せて走るわけですので、常に点検を怠らぬようにしましょう。車の修理代だけでは済まない事故になることもあります。雪道は特に注意が必要です。

人を跳ねて将来ある人の人生を台無しにすることもあります。定期点検を怠らず、もったいないと言わず早めのタイヤ交換を心がけましょう。

その四　歯の治療と眼鏡

入れ歯をケチって胃潰瘍。レンズをケチって目

を悪くする。

高齢化社会、歯や目を軽く考えてはいけません。歯医者さんの説明を良く聞く前に、本人は安い入れ歯を入れると決めてかかるのは問題です。毎日使う、なくては困る生活必需品の入れ歯や眼鏡は、我が身の分身と思うべし。

体に良い物を購入しましょう。

余病の治療費のほうが余計にかかり、結果、総合的に痛い目をして、同情もされずに高い出費となります。思い切って良い物を身に付けましょう。自分のためです。

保証人、手形裏判の恐ろしさ

親しい友の頼みに同情して、軽い氣持ちで保証人になったばっかりに破産したたという話をよく聞きます。自分の屋敷も土地も手放し丸裸、人生も台なしになります。

金銭にまつわること、またはそれに関係する保証人には、絶対になってはいけません。相手のためにもなりませんし、あなたの財産までを失うことになるからです。

手形も要注意です。商売をしている人が、つい陥ってしまうことがあります。日本には約束手形が流通しています。手形は便利なもので現金がなくても現金があるように取引が出来ます。お金は貸せないが、手形の裏判なら押してもいいということで、軽々しく引き受けてしまうことがあります。その結果、財産を失うことになります。

絶対に裏判は押さないことです。手形を発行した本人が支払えない時は裏判を押した私が本人に代わりお支払いをしますという、責任のある保証印です。

後で知らないは通りません。うかつに裏判を押すと思いもよらない事件に発展します。奥様はこのことを必ず知っていなくてはなりません。そのことを忘れないよう、ここの文章を何回も読んで記憶して下さい。

転ばぬ先の杖です。このような相談は事件に巻き込まれたあとに来られるケースが多く、それを避けるために家訓で禁じている家もあります。

家屋敷の全てを失う実例

保証人になって、友への同情や信頼が仇となった実例を紹介しましょう。

私の知り合いで、老舗の植木屋さんの一人息子さんが遭遇した事件です。

ある日、彼の家の近くに行く用があり、ついでに立ち寄りました。

彼が言うには、彼の親が亡くなり相続税の支払いで苦慮しているので、建売住宅の会社を経営している学友に相談したそうです。その友人は、植木の保管場所にしてある千坪ほどの土地に分譲住宅を建てて販売すれば、楽に相続税が払えるのではないかとアドバイスしてくれた。それはいい考えと思ったので、そうすることにしたというのです。

私はその話に何か変な氣がしたので、忠告めいたことを申し上げた。しかし、彼の言葉によれば学友はしっかりと建売住宅専門業の家業を継いで頑張っており、心配はいりませんということでした。

また三ヵ月後に行きましたら、十棟ばかり新築工事が進んでおりました。私は工事中の建物を見ても、建物に〝氣〟を感じません。

心配になり、彼に聞きました。すると、学友が順調に工事を請け負って完成を急いでいるので、先生心配はいりませんという。

では、工事代金はどのようにしていますかと聞きましたら、建築会社の方で工面しているといいます。君は何を保証していますかと聞きますと、材料の調達に対して支払手形の裏保証をしていますと説明してくれました。

問題は、支払い金額の入っていない、白紙手形の裏判を彼は押していたのです。

ある日、彼は朝から県営グランドの植栽入札に出向いている時、銀行から「預金が足りません。至急入金をして下さい」との連絡を受けたそうです。彼は、過不足金額を聞いて驚きました。とても直ぐには調達できる金額ではなかったわけです。

彼は途方もない巨額の保証をしていたのです。

その挙句何万坪の土地と本宅、マンション全て負債の形に取られました。

学友を信頼しきった彼も悪いが、学友の裏切り行為は彼の人生までも奪い取ってしまいました。

手形の裏判は、よほどの事情がない限り押してはいけないのです。それを肝に銘じることです。

平和な家族が一夜にして崩壊

個人保証の意味合いを理解せずして、保証人になる馬鹿な人がいます。

兄弟間でも保証人の欄に印鑑を押す前に、一呼吸して確認すべきことを再度確認することです。保証人の責任限度を、あらかじめ知ること

です。

保証人になって、平和な家族が一夜にして崩壊することが多分にあります。よくよく勉強すること、一人で決めるのではなく冷静な立場で判断できる人に相談するのも一つの道です。

本書の第二弾、『失敗の法則　経営の羅針盤』をお読みいただけば、なおご理解されると思います。平成二十年の春には発行したいと考えています。

最愛の妻に暴力を振う夫は失格

奥様が誰にも相談できずに、辛抱に辛抱を重ね最後に離婚を覚悟して私のところに来られることがあります。

妻は夫のために良かれと助言しているのに、それに腹を立て暴力を振るうのは男として、夫としてゼロ点です。

老後に見放されますぞ！

このような男性は、結婚当初は暴れません。何か外で嫌なことがあり、酒の力で妻に鬱憤《うっぷん》晴らしをする人がほとんどです。

問題は、そうなる前に対処することです。

夫婦は一旦深い溝ができると、なかなかそれを埋めることができません。

初段階で勇氣を出して本人の話を聞いて、夫婦で改善策を語り合うことで暴力沙汰を防ぐことができます。

ほとんどの妻が主人との会話を避け、初段階で「酒飲みは嫌い！」と言って話し合わなかったことが大きな原因です。

妻が夫に暴力振う近頃

こんなこともありました。

酒乱の奥さんに困って相談に来た男性もいます。

ビール会社に勤務するYさん、五十二歳。勤務先の社員相談室から私に依頼がありました。

Yさんの悲鳴はこうです。

会社から帰り一風呂浴びている間に、奥さんは夕飯の支度をしてくれます。一緒に晩酌をしていると、奥さんが急に酔い、毎晩主人に暴力を振うというのです。しかも手加減をしない。時には、会社に行くにも氣が引けるくらいに顔を殴られ、あざができて困り果てています。

Yさんの奥さんは四十八歳です。

林　Yさん、お宅の台所の流しの下にウイスキーの空瓶がごろごろしています。昼間からチビチビ奥さんが飲んでおられます。夕刻には、一本空にするくらいアルコール依存症になっています。

Yさん　家内はアルコールに弱いのですぐに酔うのです。昼間から飲んでいるはずは絶対にありません。

林　ならば一度台所周辺を、奥さんのいない時を見計らって調べてごらんなさい。

（そして、後日）

Yさん　先生のお見立て通り、家内は昼間から飲んでいた形跡がありました。何で飲むようになったのでしょうか。

林　あなたが奥さんを信頼していないからです。

Yさん　信頼していないなんて、そんなはずはありません。

林　ではYさん、申し上げましょう。あなたは奥さんに生活費としてのお金を、毎日出勤する度に渡してはいませんか。

Yさん　先生誰から聞かれましたか、家内ですか。

林　そうではありません。あなたの守護霊に聞き、奥様の守護霊と照合をして申し上げています。

女として時には、一枚の洋服でも買いたいと思います。買うお金をご主人にねだるのも氣が引けて、積もり積もってついアルコールに手を出したのです。

ご主人の帰宅までは、アルコールを殺して誰にも氣付かれないように飲みます。女性ならではの飲み方です。

そしてご主人と一緒にお酒を飲んだ途端にアルコールが回り、欲求不満が一挙に爆発してご主人を殴るのです。

これがここ八ヵ月くらい前から激しさを増していると思うのですが、どうですか。

Yさん　確かに半年くらい前から酒乱がひどく現われ、ご覧の通りです。どうすれば家内を救うことができますか。

林　簡単です。奥さんに少し自由に買い物ができるお金を毎月お渡しになれば心も豊かになり、今まで飲んでいたお酒が苦くなります。

数週間後、ビール券を持って夫婦で御礼にこられました。

林　良かったですね。お互いの守護霊を立てて、心の底から話し合える夫婦になりましたね。これからは、財布を奥さんに任せなさい。

Yさんの奥さん　今まで通りで良いのです。毎月お小遣いを決まって頂ければ友達とも外でお茶することも、時にはバーゲンの品が買えますので満足です。主人はお金を自分で管理していないと氣がすまない性格ですから。

林　奥さん、いまお話されたことを忘れないように。ご主人、奥さんへのお小遣いをお忘れなく。守護霊が餓《う》えると、人間は何をしでかすかわかりませんよ。

笑顔で解散、導いて良かったと氣持ちの良い一日でした。

夢追い夫婦の終着点

ＤＶ（ドメスティック・バイオレンス「家庭内暴力」）被害の妻の叫びは、現実的には夫婦間の言葉不足が原因ですが、根本的には人を愛する教育が欠落したまま育った未熟な二人が結婚し、生活しているために起こります。

そのために、お互いが金縛り状態になっています（ゲーム化）。

前田さん　最近変な事件が多いですが、日本はどうなりますか。先生のご意見をお聞かせ下さい。

林　一昔前は、仲裁役として地元の神主や寺の住職がボランティアで仲直りの仲立ちをしていました。

またお宮さんやお寺の広場を子供たちの遊び場として提供していたときには、宮司さんや住職が子供たちを呼んで、友達と仲良く遊ぶ方法を教えたり、親のお手伝いを進んでするように教えたものです。しかし今は変わりました。

昭和四十年代までは今日のような悲惨な事件はあまり聞きませんでした。昨今は、戦後六十二年（平成十九年時点）が経過してアメリカの占領政策の成果が現われています。家庭内のもめごとも度が過ぎると警察が介入したり、離婚がらみでは家庭裁判所や弁護士に相談します。本来簡単に和解できるものが、余計に複雑にこじれてしまいます。警察の相談員も未熟ですし、弁護士は離婚に誘導する方が収入につながります。そのため結論を急ぎ過ぎてしまう傾向があります。

また昨今の神官も、仮に宮司となりましても、また寺の住職にしましても、変な権威をさらけ出し、人を寄せつける魅力に欠けています。本来神官は神の教えを、僧侶は仏の教えを広く民に説く立場にありますが、神仏に対する神秘な法力の勉強不足、さらには人生修行の点についても勉強不足です。昨今の神社仏閣はそういう状況にあります。

だから少し頭の働く人は、いまどきの若い人達の苦悩を解決したいと新しい宗教法人を設立します。しかし、神仏の教理めいた話はできますが、教理の真髄を会得していない未熟なるがゆえに、夫婦間の問題解決に必要な「無の境地」になれないため解決ができません。

でも今からでも遅くはありません。人生の道を教える修行を体得した神官を、全国の神官不在の氏神様へ配属し、教理の真髄をわかり易く説きながら、その一方で一昔前のような地域の相談員の役目をさせれば美しい日本となります。

さらに言えることとは、食べ物も影響しています。最近はやたらとサプリメントを服用する人がいますが、栄養は本来、食べ物から摂るものです。栄養バランスの良い食事を心がけて下さい。

勝氣な心を捨て、我欲も捨てる

膠原病《こうげんびょう》、関節リュウマチの人に、私が勧める自分でできる治療法があります。膠原病はあなたの心からくる病です。症状が軽い内に、また痛くても歩行困難でなければ、治療のチャンスはあります。

私が進める治療法とは、山歩き、森林浴です。

それには日程があり、六月十五日から八月二十日までの期間に行います。まず午前十時から十二時まで歩き、昼休みの休憩は四十五分、また十三時から一時間山道を早足で歩きます。

なぜこの日程を選んだかを説明いたします。

この時期は、外氣温、湿度が高く、歩くことで体の骨まで熱くなり新陳代謝が容易にできます。ミネラル水と総合ビタミンをしっかり飲んで、汗をびっしょりかきます。肉体と脊髄液の自然浄化が促されます。

今までの例ですと、自分の汗をタオルで拭くと、白いタオルがグレー色になり、しばらくすると魚の腐ったような臭いがします。脊髄液の毒素が体の表面に汗となって浮き出てきたと判断をします。

とにかく想像以上の腐敗した匂いです。しかし本人は自分が出す匂いに氣づきません。十四、五日行いますと、体臭も薄れ顔色も良くなり、歩行も日ごとに速くなり、今まであった痛みが自然と消え、手足の腫れも消え、以前の健康体に戻ります。

山歩きが終わって冷水シャワーを体の痛む所に一～二分当てると、関節や体全体の痛みが和らぎます。体調に合わせて行って下さい。

大自然のウエットサウナで健康を取り戻すのです。膠原病や関節リュウマチの治療に役立つこの時期、一度、氣分転換に実行されたらどうでしょう。ただし無理は禁物です。

人間は大自然の中で生かされています。膠原病と関節リュウマチは氣圧、湿度、外氣温とストレス、生活環境が関係しているのではないかと私は思います。

あなたは何歳からこの病氣になられましたか。よくよく自分の歩んで来た過去を振り返って見て下さい。あなたの勝氣な心を捨て、我欲も捨て、一心に膠原病、関節リュウマチを完治させて頂く素直な心になって下さい。

膠原病、関節リュウマチの病氣になる人の共通点は、おとなしく見えても自己主張が強く、我欲の塊であり、根本に潜在している心が悪い。

治りましても、また我欲が張って五年位しますと再発します。すると今度は本人の口からこの病氣になった原因を他人のせいにする傾向があります。どうしようもありません。本人の心次第です。


他人に対し、言葉で相手の心をえぐる様な痛い言葉を使ったはずです。勝氣で、我欲が強い人に共通しています。顔にも表われています。

人様にして頂くことの感謝の念が不足してはいませんか。

私が勧めるこの病氣の治療には、驚くほどお金はかかりません。宜しいですね。頑張って下さい。秋になりますと体の痛みが軽減され、日々楽しく過ごせます。

昔のような元氣な体を取り戻しましょう。昔は膠原病ではなかったのに、関節リュウマチではなかったのに……全てあなたの心が飢えているからです。

この時期を逃した場合は、次の年の六月に実践するという心の準備と、それまでに心の遣い方の修行をして下さい。

自分勝手な考えの実行は黒星を背負う

転職と離婚には共通点があります。

一つ、自分の自我と思いだけを最優先する。

二つ、今日まで周りの人達に助けられていたことはすっかり忘れている。

三つ、自分の無理な欲望を満たしたくなる。

四つ、自分を過信、高く評価し、自分だけは完璧主義と思い上がっている。

そういう人は、集団の中の自分や、夫婦、家族の中の自分であることを忘れ、自己中心的な考えに陥っています。

よくよく考えた挙句と言って、転職や離婚を実行します。

転職の場合、九五%は以前勤務していたところよりも、さらに思い通りにならず、再度転職することになります。

離婚も同じく、夢に描いていた理想像から、はるかかけ離れた暮らしと環境に出合うことになります。子供の養育に自分の時間を取られ、自分一人が子育てに頑張っていると思い込み、日々いら立ち、自由になりたいと離婚を考え実行します。

離婚調停、裁判に一時は疲れ果てますが、不思議とまた理想的な家庭を夢に抱き再婚するケースがあります。

しかし以前よりさらに理想像が膨らみ、期待はずれとなるのが九八%。結果、心が貧相になり、充実感や幸せ感などのない生活がまっています。

何のための転職か、何のために離婚したのか……「後悔先に立たず」です。

ならば決断を早まらず、一時辛抱すると不思議と本当の幸せを実感することができます。あせらず、思い留まり、幸せな人生を頂きましょう。

こんな男性と結婚してはいけない

自分の人生に、不足不満を持ち続けるため先が見えない人がいます。

そういう人は、人との会話が嫌い、努力をすることの大切さもわからないという無能な人に多くみられます。

常に人の指示を待ち、考えることすらしない損な性格です。

聞こえの良い言葉で言うならば「頑固親父」タイプです。

このような男性と結婚する女性は、一生の祟《たた》りとして夫が死ぬまで暗い家庭生活が続きます。

娘の縁談話には、よくよく男性を観察し明るい家庭を築かせましょう。

男女の交際と結婚について

初めての恋の落とし穴

男女が互いに好意を感じあう時、ちょっとした冒険心が生まれ、相手の手に何となく触れたくなるものです。そして触れた瞬間、感電したように心がときめき、のどは渇き、話をしようと思っていた言葉さえも忘れてしまいます。

体は、ふんわかふんわかし、まるで羊水の中で浮いているようです。

こうした初めての恋は、二人を現実から離し、自分達だけの世界ができあがります。目に入るのは二人のみ、将来とか日々の生活とか、そんなことを考える余裕も無くなってしまいます。

二人一緒にいられれば、何でも良いというわけです。

この状態が何時までも続けば二人は幸せです。しかし現実は、そう甘くはありません。ところが二人は、今の状態が続くように思っています。

その何よりの証拠に、学友や先輩がこの交際は芳しく無いと忠告すると、不思議と素直にならず聞く耳を持ちません。その結果、多くの人が悪い方向に進み、折角の甘い初体験も心に傷を負うことになります。

ですから恋は程々に、と言いたいところですが、それができないところに恋の難しさがあります。夜、眠れなくなるような交際はしないこと。複数での交際も深入りしないことです。特に女性が哀れな結末になります。

こういう状況に陥る年代は、一般的に男女共未成年であることが多いからです。特に男子には責任能力がありません。仮に交際がエスカレートし、肉体関係が進み女性が妊娠した場合、その責任を男性が放棄し逃げるケースがほとんどです。

学生時代の交際は特に注意してください。

長引く恋愛には魔が差す

最近は、職場で活躍する女性が多くなり、一昔前と比べて見ると全体的に婚期は十年くらい遅れています。逆に若くして結婚する人もいますので、現在の結婚は早婚と晩婚の両極端になっています。

私の所に相談に来る人の話をいたしましょう。

女性は自分の母親の暮らしを見て、いずれは結婚したいと考えています。しかし今は働いて、自分の自由になるお金がある間は趣味を楽しんだり見聞を広めたいという願望を持っています。

誠に結構ですが、その傍ら将来結婚するであろう男性を身近に置いて、わがままを通している女性がいます。男をもて遊ぶといえば語弊はありますが、相談内容を聞きますと、実に七〇パーセントの確立で女性の考え方に一人よがりの傾向があります。

結果、先に悲劇が待っています。

その訳は、恋愛が長引けば、互いに自由の身ですから、半ば夫婦同然であっても身勝手な言葉が出るようになります。年を追うごとに新鮮さが無くなり、互いに結婚願望が薄れ恋愛解消となります。

世の男性は結婚適齢期になると、収入もそこそこ多くなり生活面においても自立できる自信が出てきます。そうなると男性は、新鮮な女性を求めるようになります。また取り巻きも新鮮な結婚生活を望んでいます。「悲劇にならない対策」としては、好きな人が出来たら、早めに結婚することです。それには勇氣が必要です。

人生は、早く苦労を買う勇氣を持つことで幸せな道を歩むことができます。若くして楽を知ると老いて苦労することになります。

お見合い結婚

お見合い結婚は、出会いから五～六回で心定めをするとよいでしょう。

お見合いは、互いに新鮮です。男も女も会った瞬間、何となく勘が働きます。

お会いした時に、この人と結婚するような氣が致します。

それは互いに発信する信号を肌で感じるからです。体臭、声、風貌、両家の家柄、人間といえどもここは動物的感性を働かせましょう。

体臭

互いに辛抱出来ない体臭は、結婚しても早晩離婚します。

声

毎日の暮らしの中で、夫婦間で互いに耳障りになる声は、結婚当初は我慢もできますが、そのうちに我慢ができなくなります。これも離婚の原因の一つです。

風貌

これは、結婚する前からの環境で構築されます。結婚してから急に転換はできません。お付き合いするときに風貌をよく観察をして下さい。

結婚相手の男性の靴、ベルト、背広、常に着たきりすずめは身だしなみに無関心か、性格上お金の使い方が下手な男性です。結婚を間近に控えた男性は、それなりの若さある感性を持ちましょう。

家柄

女性は嫁ぎ先の家風を身につけましょう。男性は奥さんの両親と実家の両親の面倒を見る氣合を養うことです。

嫁ぐ女性は、財産がある家に嫁ぐことは一見良いように見受けられますが、そうとは限りません。結婚して即座に頂ける財産ならばあなたにお徳がありますが、なまじ小金の財産があると勤労意欲が損なわれ先で苦労します。

財産は当てにしないことです。夫婦力を合わせて蓄財したお金は、夫婦の心が豊かな証拠で、子供の養育にも役立ちます。

使えない財産は、あっても無いに等しいことをしっかりと自覚しておきましょう。

人生は、苦楽という言葉を素直に受け止めることで幸せになることができます。

若い時には苦労を買ってでもせよといわれています。若いときに苦労することで、忍耐力が身につき、（楽）幸せが実感できます。

また夫婦互いが日々努力することで、誰の目から見ても幸せそうな人相が現われます。

人生という橋は一人で渡ることが困難でも、夫婦二人ならば険しい橋も力を合わせて渡ることができます。これが結婚した夫婦の姿です。

そして渡り切った時、夫婦に幸せというご褒美が授けられます。

結婚は世間のことがわからぬうちに、早い時期にするとよろしいでしょう。

生命保険の入り方

生命保険は、残された人のために、いざというとき困らないようにとかけるものです。ところが、無理な掛け金の保険に入ってしまうと、自殺に追い込まれる基となる場合がありますので要注意です。

それは、掛け金の何倍もの保険金を得ようとするから自殺を考えるようになります。

あの世で金は必要ありません。

生命保険に入る時は、不思議とその時点での収入で計算し、補償額の多い物件に入りやすいものですが、数年後には生活費の大半が保険料となることがしばしばです。

支払いが多いために生活が困るようではいけません。それらを考慮して保険に入ることです。

補償額が少ないと病氣も遠のきます。

変な考えも起きません。

これは、日本の生命保険の勧め方のせいばかりではありません。

海外の保険も同じです。

休日は体を休める日に

一昔前までは、勤勉、努力がごく当たり前でした。日曜日も多くの人は仕事をしており、働く人達は仕事のある人生に感謝したものです。

これが日本の、戦後から今日に至る繁栄の基盤であることを忘れてはいけません。

日本も週休二日制が定着し、世界の国々と比較しても休日の多い国になりました。これは頭と体を休めるように国が定めた制度ですので、有効に生かし活力を養って下さい。

ところが休みになると、急に元氣が出て趣味に忙しく、疲れ切った体で新しい週の仕事に入る人が多くいます。それでは仕事に身が入りません。会社はあなたの生活の基盤です。仕事が最優先、スッキリした頭で出勤してください。

仕事を趣味にされますと、休日には体を休める日に自然となります。

全てを依存はできません

弁護士相談について一言申し上げます。よくよく考えて相談内容に合った専門の弁護士を探すことです。なぜなら、弁護士といえどもオールマイティーではないからです。

相談は無料ではありません。相談する前に依頼する価値がある内容か否かをしっかりと考えてください。その結果、価値がありと判断されましたら依頼してください。

依頼されますと、事件解決のための委任状に印鑑を押し、着手料を要求されることを覚えておきましょう。着手料と成功報酬料をお支払いすることを忘れないこと。解決した後で弁護士料が高かったなどと言わぬことです。

弁護士に相談する場合、どこまでが無料で、どこからが有料かを先に確認してから相談にはいることです。

自己破産の相談で、弁護士の着手金をサラ金で借りて支払うような方もなかにはおられます。これではいけません。

警察に一人でも知り合いがおりますか？

子供が事件に巻き込まれたら、即警察へ相談に行きましょう。

免許証更新時等に警察館内を観察して、時には警察の仕組み等を聞くことも参考になります。事件が起きたら警察の窓口で内容を説明し、取り扱い専門課へ案内をして頂く。そこで説明をするとことが早く問題解決に向かいます。

免許更新センターへ行くのも良いですが、地元の警察で更新を受け署内を見学しましょう。いざという時に役に立ちます。

心を伝えることができますか？

最近の加害者は、現場検証のときだけ詫《わ》びたような顔をしますが、後は知らん振り。道徳に欠けます。そうであってはなりません。

交通事故加害者となった場合は、なによりもまず被害者を救済し即警察に連絡をすることです。自分の入っている保険会社への連絡も忘れずにしてください。

被害者の方に見舞いの品を持ってできるだけ早くお見舞いに行くこと（誠意を表すこと）。示談を急がず、全て警察と保険会社に一任しその指示に従うこと。

被害者に対して時折見舞う心を持つと良い。

これは人間としての最低限の道徳です。詫びる心が被害者に伝わります。事故によってご縁ができたという良い結果を導くかもしれません。

事故に遭って冷静に対処できますか？

交通事故の被害者になった場合を考え、日頃かかりつけの病院の診察券を常に携帯することが大事です。

事故の記録は、後々必要になるときがありますので、警察に必ず残すことです。

病院は、自分の体に適応する（相性のよい）整形外科や整体治療院へ通院すると治りが早く体によいでしょう。

※本当に完治するまで、示談書に判を押さないことです。

夢を買うだけでは駄目ですか？

夢を求めた三億円の宝くじ。五十万円買って、当り券は一〇〇〇円の一枚。

宝くじは買わなければ当たりません。買いたい氣持は良くわかりますが、当たった後の人生が問題ですので程々にしましょう。持ちなれないお金は、泡のごとく消えてなくなります。

人生は、コツコツ貯蓄に専念したほうが心豊かになります。

ゴルフ大好きの問題点

ご主人の接待ゴルフが急に増えたと感じたら、妻は将来の生活を心配して次のように聞く事もよいでしょう。

「この所、仕事よりゴルフに行く回数が際立って多いですが、会社であなたの立場は良いのですか。ゴルフ場が仕事場ですか？」

そのように一部皮肉って言いますと、世の男性はハッと氣がつきます。

スコアが百を切りますと、どなたも決まってゴルフ道具に凝り、高価なセットを買ってプレーをしたくなるものです。そして自分から人を誘うようになります。

仕事より遊びは楽しいもので、しだいにゴルフにはまり道楽に走るようになります。そうなる前に忠告なさると、ゴルフも考えて行くようになります。

適度な運動も必要ですが、ゴルフは丸一日を費やしますので、できれば土曜日か日曜日等の休日に行くようにしてください。

快楽の後には大きな落とし穴

ご主人が仕事で海外出張する場合、出張先での事故防止のため妻も協力してください。

風俗、習慣の違う国では、特に女性問題で大きな代償をしいられたり「はめられる」ことが多いのでよくよく注意してください。最近は便利な携帯電話があります。なるべくご主人と毎日連絡を取り合ってください。

特に中近東、東南アジアの場合は、ご主人が日頃氣軽に話す言葉が宗教的戒律によって女性と結婚しなくてはならなくなります。

違反すれば命に係わります。

日本人の通常会話で話す「お世話します」「面倒見ます」等の言葉は、取り返しのつかない勘違いを引き起こすことがありますので注意してあげてください。

原子力発電所の事故について

原子力発電所の事故が起きて、遠く離れた本社で「御免なさい」のお詫び会見。大事故が起きた場合はどのようなお詫びをするというのでしょうか。

Sさん　先生、このところ原発事故が起きて、電力各社が足並みそろえるようにお詫び会見をしています。

私の両親は、新潟柏崎の原発誘致のとき皆さんに同調し、賛成いたしました。それが最近の事故で、心配で夜も眠れない日が続いています。先生はどう思われますか。

林　Sさん、心配はいりません。日本の原発で働く技術者は細心の注意を払って頑張っています。それは、原発設置当初、どうしたら安全が保たれるか見えない放射能と戦ってきた成果です。

昨今は大きな事故はありません。

しかし原発誘致の際、皆さんに約束した報告義務がありますので、ここに来て原子力発電所の隠蔽工作が発覚したり、数年前の事故報告が今なされているのです。

ただ問題なのは、危険に対する意識が、現場と本社で温度差があることです。

Sさん　先生、どうしてですか。誘致した地域住民は、関係者の言葉を信じて賛成しました。被害を受けるのは地域の住民です。そうなっては、何のための原子力発電所誘致なのかわからなくなります。

事故が起きた際、遠く離れた本社でやるお詫び会見は必要ないのではないでしょうか。もっと真剣に取り組んで欲しいと思います。

誘致に賛成した地域住民は、今でも電力会社を信頼しているのですから。

林　電力各社は、日本の工業発展に大きく貢献しました。日常の暮らしも、五十年前にはよくあった停電の不便さは解消され、スイッチを入れればいつでも明るさを得ることができるようになりました。

明るさに限らず、電氣の有り難さは、日常生活を豊かに致しました。心の安心につながっています。これは何物にも代えがたく、電力各社に対し感謝の一念あるのみです。

しかし、一九四五年の終戦以来一九五五年頃まで、停電のない電力供給を目指して必死で頑張られた現場の方々もかなり前に定年を迎えられ、当時の苦しさは時代と共に消え去ろうとしています。

今日《こんにち》現場で働く人達は、高度で精密、肉眼で見ることのできない放射能と戦いながら、危険との紙一重の中で電力供給をしています。真に大変なことだと理解すべきでしょう。このような尊い仕事に従事するのは、生まれながらの使命感の他、何物でもありません。

氣を引き締めての毎日の仕事は、当事者にしかわかるものではありません。

誘致に関与した電力会社の担当者や、誘致に賛成されました当時の人も高齢となり、約束事項も忘れられ薄れていきます。しかし事故報告は誘致の最低条件です。

そこで私からの提案ですが、原発で働く所員と家族、そして原子力発電の安全を唱えた電力各社の役員と幹部は、家族と一緒に原子力発電所に一番近い場所に住まいを移し、地域住民に対して体を張って安全に対する確信を見せてほしい。

地域住民の安全と期待を全うしてほしい。

安全な仕事をする信念を見せるべきです。

また働く所員の家族も同じく、原子力発電所の外周に社宅を設け、役員と同じく家族と生活をします。そうなれば事故は起きません。

誘致には電力会社の役員が「安全！　安全！」と連呼をしたではありませんか。ぜひとも地域住民と共に、生活して下さい。それに相応《ふさわ》しい報酬を受けるのは当然であります。新聞やテレビに電力各社の役員の謝罪する記事が出ていますが、本当に心から謝罪しているとは思えません。他人事のように映ります。

それは役員の皆さんが現場に居合わせていないからです。ことの重大さを肌で感じ取っての会見ならば、その姿を見て地域住民をはじめ国民も納得します。

安全第一、ぜひとも慎重に電力の供給を遂行してほしいと願っています。

Sさん　本当にそのようにやってほしいですね。

日本に向けて発射された誤射ミサイルを撃墜せよ

林　Sさん、それよりもっと心配なことがあります。アメリカがEU諸国に弾道ミサイルを配備することは、大国間の冷戦をまた引き起こす火種となります。

それに非常識な国が乗せられ、弾道ミサイルを発射すると、日本が大国の生け贄になる可能性がでてきます。

Sさん　先生、それはどういうことですか。

林　あってはならないことですが、非常識な国が外国製移動弾道ミサイルを、日本国土の大使館、領事館の所在しない県に狙いを定め、発射することが考えられます。

非常識な国は初めから承知してミサイルを発射しながら日本に対しては、「誤射しました。数分後に日本に着弾します。御免なさい。誤射です。誤射です」と連呼します。

非常識な国は、過去にアメリカが日本に原爆を投下しても、世界的に咎められなかった点を良いことに、地球上での原爆の人体実験場を日本と定めています。

ですから日本は、非常識な国がミサイルを実射する可能性が大であるということを想定し、防衛省は今から国民を護るための高性能地対空誘導迎撃ミサイルの配備を来る時のために備えるべきです。

現実にそうなれば、大変な人命被害が想定されます。

同時に、長崎、広島に相当する市が原爆の洗礼を浴びることを考慮しなくてはなりません。これは核弾頭がなくとも、通常ミサイルを原子力発電所に命中させれば原子力発電所は臨界点を超え自爆し核弾頭と同じような効果が非常識な国は得られるからです。

このようなことは、謝っても済むことではありません。しかし日本憲法第九条には、日本はいかなる場合にも戦争をしない、反撃をしない条文が記されています。
非常識な国は安心して日本に向けて核弾頭ミサイル、または通常ミサイルを外国の技術者の手により正確に発射できることを我々は忘れてはいけません。

Sさん　大変恐ろしい事ですね。

林　あってはならないことが起きると考えて、その対応を今から心得るとよいですね。党利党略も議員同士でやるのはよしとしても、国防面での憲法の手直しは急がなければなりません。被害が出てから自衛を検討しても手遅れになります。

地震の予兆を感じる

Kさん　平成七年（一九九五年）の元旦、先生は新年のご挨拶で、近日中に地震ありと事前に警告されました。それから半月経った一月十七日、阪神・淡路大震災が起こりました。
このことは物凄いことだと思いますが、どうしてそれがわかったのですか。

林　お話をしましょう。私は元旦には、神様から啓示をいただく場所に必ず出かけることにしています。それを修行と呼んでいます。

人間は自然界に生かされ生活しているわけですが、その自然界の全ては氣を発生していま す。なかでも一番発しているのが石です。石は千年、二千年、万年と氣を発生し続け、自然界の出来事を一番良く知っています。

その情報がそれらの中心（芯）から氣となって出ています。言葉では表わしにくいのですが、私はそれを肌で感じます。

山に入ると必ず決まったある場所に立ち、氣の入った樹木や巨岩石に向かって、大きな声で「今回も元氣にきましたよ」とご挨拶します。

すると巨岩石や樹木が、ある種の波長を発信して私に返してくれます。人間が恐れている大地の地殻変動（地震）もその一つです。その波長を私なりに解読し、分析します。

地震の起きる日時は私には教えて頂けません。ただ波長を分析すると、いま自分が立っている所からこの方向にとか、この線上とか、おおよそのことがわかります。それを私は地図上でこのあたりと確認します。

太古の時代から地震は、間引き（命を絶たれること。抹殺、死を意味します）という自然界の警告というか、人間界での戒めというか、現実的には大変厳しい仕打ちを受けます。

ですから私は、ごく限られた人にお知らせすることはあっても、むやみに公言し世の中を混乱させることだけは避けています。

Kさん　阪神・淡路大震災の場合は、どなたかにお話をしましたか。

林　地震前日の一月十六日、名古屋のホテルでトヨタ自動車の新年賀詞交換会がありました。私の親しい人（神戸トヨペット社長の西村さん）も出席されておられたので、ご挨拶の折、「西村さん近日中に関西で大きな地震が発生するので注意をして下さい」と申し上げました。

西村さんは「私の所は神戸で阪神地区ですので離れていますなぁ、本当なら大変な被害が出ますわ」と言われました。

私からすれば神戸も大阪も関西のつもりで申し上げたのですが、そのような区分があることも正直知りませんでした。西村さんはその日の内に飛行機で鳥取入りして夜遅くに芦屋に帰ると言われたので、私は「氣をつけてお帰りください」と言って別れました。

私は東京のマンションに十五時着。……深夜二十三時頃、西村さんから無事着いた御礼の電話が入りました。そのとき「深夜で人氣がないのに、家の周りの犬が吠えていますので、今、うちの犬を家の中に入れますわ」と言われていました。

翌朝五時五十分頃、名古屋の家内から、「今、神戸で大きな地震が起きた。名古屋も長く地震で揺れた」と電話が入りました。そこで直ぐ西村さんの携帯に電話をすると、「ガス爆発でもあったか、家の中がメチャメチャ、真っ暗で何も見えない」と言われましたので、いま神戸で大きな地震が発生し所どころで火災が発生していると伝えました。

すると西村さんは、「寝ていたら底から突き上げられたようで、なにが起きたかわかりませんが、家族は無事……」ということでしたが、一般電話、携帯は、それ以来四～五日不通でした。

いま思いますと、平成十九年の元旦、琵琶湖長命寺の奥三つ山越えしたところから北北東で地震が発生すると聞かされたのも前もって予知した実例になります。福井、能登、金沢、直江津方面にお知り合いがおられたら注意をするようにと新年の年賀状でお知らせしました。それが、三月二十五日に起きた能登半島沖地震です。

Kさん　先生、いまよく話題になる東海地震はどう思われますか。

林　地震の日時は先にも申しました通り、教えて頂けません。もし教えて頂いたにしても公

阪神・淡路大震災　阪急電鉄伊丹駅（C）P.146

阪神・淡路大震災　倒壊した阪神高速道（C）P.146

言することではないと思います。

以前、富士山が〇〇日頃大爆発すると週刊誌が書き立て、関東圏に住む人達に不安を与え混乱を招いたことがありました。無闇に口にすることではありません。

日本列島は怪獣の背中に位置するという解釈で、いつ地震が来てもあわてず対処できるように備えておくことが必要です。自衛することは、大都市に住む人の自己責任です。もしもの場合でも、七日間は行政に頼らずとも生きていけるようにしておきましょう。

電波逆探知器

運悪く建物の下敷きになったときは、行政の助けが必要です。その場合、携帯電話を役立てます。ほとんどの人が携帯電話を持っていますので、それを有効に使うわけです。

まず電源を常時ＯＮにしておきます。携帯電話会社は、簡単に使える電波逆探知器（三十メートルくらいの範囲で使えればＯＫ）を無償で消防レスキュー隊員に持たせれば、会話ができなくともガレキの下になっている被災者の位置を確認することができます。早期捜索を可能にし、尊い命を救うことになります。

携帯電話で識別信号

災害地五十キロ四方の地域では、各自が所持する携帯電話で識別信号を送るのもよいかと思います。例えば、健常人は一を押すことで元氣でいることにするのです。

また携帯電話会社は情報の混乱を避ける意味でも、メールを活用して正しい情報を五分刻みで所有者に流します。携帯を、誰もが所持する意味がさらに高まるでしょう。

低空有視界飛行は禁止

災害が起きると、ヘリコプターによる取材、状況調査があります。この場合、低空有視界飛行は禁止します。騒音が被災された人々の心を逆なでするからです。

報道機関は共通高空望遠飛行で、高空より情報を得ることにすると良いでしょう。一機ではなく三機飛ばせば、かなりの範囲で調査ができます。ちょっとした心遣いが嬉しいものです。

騒音で、捜査伝達の声が届かない場合もありますので、この点でも助かるでしょう。

一つ言えることは、日本に住む以上はどこに行こうが、地震から逃れることはできないということです。特に大都市で生活をしておられる方は、地震がいつ起こっても大丈夫のように備えを自己責任においてやっておいて下さい。

それは、ことが起きても動揺しない備えをしておくということで、自分のためです。行政に頼らぬ備蓄を日頃から各自でしておくこと。それが都会人の心得です。

耐震性、耐火性を備えた住宅に立て替えることも自己防衛、大都市で暮らす人の責任です。このようにして自己責任を果していたにもかかわらず、壊滅状態になったときは、その環境下でも、あなたは生きよという役目を天からの頂いたと悟り、頑張って下さい。

便利は危険の裏返しです。便利の陰に危険が潜んでいることを忘れないようにしましょう。

東海地震

東海地震という言い方は、範囲が広すぎます。市民の生活密度の高い関東圏、東海の「海」を「京」に書き直し、東京湾沖地震もしくは房総沖地震と言ったほうがわかり易いし、皆さんも用心しやすいと思います。

都会に住めば住むほど、行政を頼らない日頃の備えが必要です。

地震が起こらないことを誰もが願っていますが、神様が国民に対して何かの警告を示されていると悟ることです。

日頃から良い心遣いをして、間引きに遭わないようにして下さい。

Kさん　先生、貴重なお話、有難うございました。これからは自分自身良い行いをして、間引きに遭わないように努力します。

レインボーブリッジと東京都心（C）下記

PHOTO P. 142上 OKH05367 (C)KENGO OKURA
PHOTO P. 142下 ALP00811 (C)ALPINA
PHOTO P. 146 WMA54714 (C)MANABU WATANABE
上記３枚とも SEBUN PHOTO/amanaimages

年末年始のお参りについて

一年の感謝の念なくして、大晦日に神社参拝したり、新年に我欲のまま詣でても神は知らん振りです。ご利益のあるはずがありません。
心改め御神殿前で自分の住所、氏名を神言（低い声）し自己紹介をして下さい、これからは謙虚な心で忘れずに詣でますと誓えば、願い事があなたの努力しだいで叶います。
常日頃、神仏に無関心な人に限り、大晦日や元旦の初詣に出掛けます。それは、御先祖様とあなたの守護霊の手引きなりと悟るべし。それを早めに知って、御先祖様、守護霊を忘れないようにしましょう。

恵子さん　何だか私のことを言われているような氣がします。このことについてお話をして頂けませんか。

林　私はよく神様や仏様を信じないという人に出会います。このような人に限って今流行の新興宗教に入信されます。そういう人には、次のように申し上げます。

あなたが信仰の道に入り自分の心に納得できるような勉強をすることは大変良いことです。しかし一番忘れてはならないことは、ご先祖様が長年なされていた信仰に帰依することです。

最近、葬儀になっても自分の家の宗派がわからず、慌《あわ》てふためく人が多く見受けられます。それは死ということに関心がなかっただけのことです。親戚の人に聞けば宗派を聞くことができます。

この本を読んだことを機会に、親戚に宗派を聞かれると宜しいでしょう。

詣でるにも順序がある（覚えて得する）

それに新年の参拝には、詣でる順序がありますので覚えておいてください。①自宅の神棚とお仏壇、②自宅の台所（荒神様）、③氏神様、④お墓、⑤崇敬する神社。

自らが生活している土地の神社を飛びこし、有名寺社を最初に詣でるは筋違いです。地元の氏神様のご守護があって、円満な家庭があると心得ましょう。

大切なことは、いいですか、お参りではないのです。お前に来なさいとご指名されていることです。

有難いことです。

神殿の前で必ずあなたの住所、氏名を声に出してご挨拶をして下さい。必ずあなたの望みを聞いて頂けます。

しかし間違ってはいけません。自分にどう考えても無理な願いは始めから言うのを止めましょう。身近なことを叶えて頂きましょう。

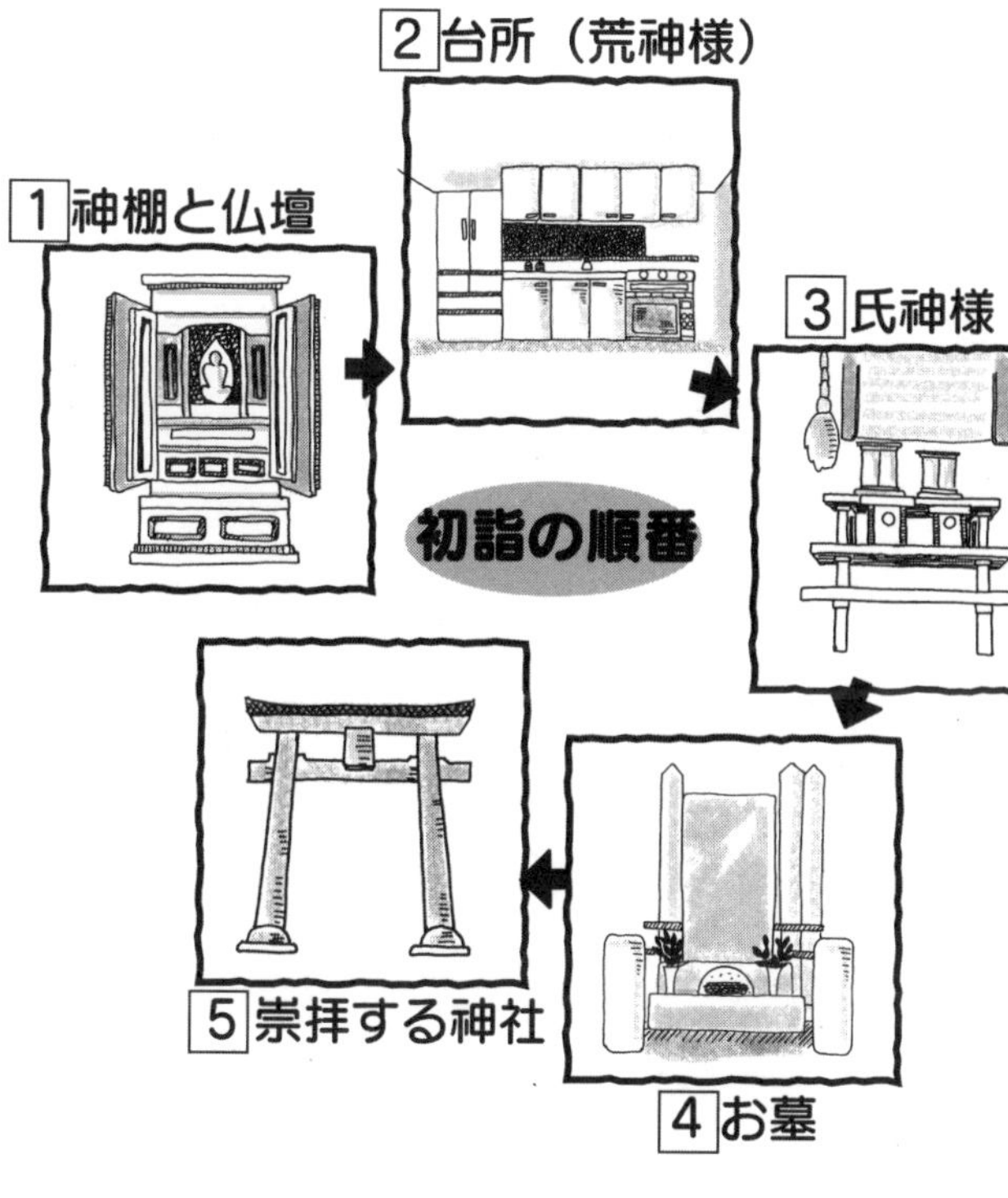

日本人の魂が大移動する尊い良き習慣

帰　省

故郷を離れて暮らしていると、何となく故郷に思いを馳せるものです。お盆に限らずそのような思いになるのは、皆さんの守護霊が帰省を促すからです。

交通の大混雑にもかかわらず、兄弟姉妹、孫達一族を連れて帰省するのは、親やご先祖様に自分達が元氣に暮らしている姿を見せに行くということです。

あなたは、どうでしょうか。親やご先祖様を忘れてはいけません。

帰省は時期を選びません。自分が行きたい氣持ちになったら親元に行き、ご先祖のお墓参りを致しましょう。親が亡くなっていても同じです。

お墓参りをすると、その後、不思議と助けられ、良いことに出合います。それはあなたの心が穏やかになり、守護霊が喜ぶからです。一つの行いでお陰が頂けます。

損得抜きで、素直に帰省しましょう。

親御様の心情

久々に顔を合わせ、互いに交わす元氣なご挨拶と近況報告。親御様は、皆さんがそれぞれの立場で人様に役立つ仕事をし、元氣に自立した生活を送っている姿を見て喜びます。姉妹は徹夜での話しこみ。同じ話を親御様は、何度も何度も聞きたがります。それが親というものです。親にとって子供の四方山話は、何よりのお土産、楽しみにしています。

皆さん揃ってのお墓参り

帰省をしたら、先ずご仏壇のご先祖様に帰省の挨拶をします。落ち着いたところで土地の鎮守様に家族でご挨拶に行かれるとなお宜しいでしょう。この場合、二禮　二拍手それから各自の住まいする住所と名前を「神言」、声を出して元氣に暮らさせて頂いておりますことに感謝のお礼のご挨拶をします。

終わりましたら　一禮　二拍手有難う御座いました。これが神式の作法です。忘れず致しましょう。ご先祖様が「御前に来なさい」と言っているお参りです。

それぞれが、ご先祖様に近況報告をすると、ご先祖様は来られた方の元氣な姿を見てお喜びになられます。お墓参りを致しますと不思議と清々しくなります。自分の氣持ち次第で郷里は近くなります。お陰を頂きましょう。

お墓参りした皆さんご自身は、また新たなる氣持ちで再スタートできます。

お墓での作法

必ず声を出して、ご自分の名前を申し上げましょう。赤子は親が代わって名前を言いますと不思議と元氣に育ちます。三歳までの子供には、できるだけ片言でも宜しいですので本人の言葉で名前を言わせるように致しましょう。これも躾《しつけ》です。

ご先祖様は、お墓に来られた方のお名前を聞くことができます。たとえ遺骨が無くとも、その家のお墓と定めお声掛けを致しますと、お亡くなりになられたご先祖様は全員集合されます。

お亡くなりになられた方は香りを頂かれます。香りの良い生花を持参されますと良いでしょう。その他に食べ物を持参されたら、ご先祖様に「お仲間でお召し上がり下さい」と声を出してご挨拶をしませんとご先祖様は頂けません。必ず声を出して申し上げて下さい。

お参りが終わりましたらお供え物を残さず、お下がりを頂いて帰ります。お墓は常に綺麗であることが大切です。

中にはお亡くなりになられた方が、生前中お酒が好きだったからと言って、墓石の上からお酒を掛ける方がおられます。後でカビが張り付き汚れがとれなくなりますので、墓石にはお水だけをお流ししましょう。生花は香りの良いお花を選び綺麗なお水に刺します。

ご家庭でのお供えは、仏壇の前に置きます。香りの良い生花、果物やお菓子、お酒等をお供え致します。自分の名前を声に出して言ってから「ご先祖様、皆様お仲間でお召し上がり下さい」と声に出してお供え致します。

家族揃ってのお食事の時にも、ご先祖様にも一人前お箸をつけて用意します。

このことを陰膳と申します。お供えをして、即声を出して、「お召し上がり下さい」と声かけをして、十を数えたら「お下がりを頂きます」と言って、皆さんで頂きましょう。無駄をご先祖様はお喜びになりません。お下がりは残さず、喜んで頂きましょう。

このような心遣いを、各自の守護霊は喜びます。

守護霊はあなたが幸せになることを一番望んでおられます。

ご仏壇の前でたどたどしくお経を読むことを供養と申します。お亡くなりになられた方は、お経を読むあなたの声を聞いて同じようにお経を練習されます。お経を読む人、お経を聞く故人、共に魂を磨き養うことを供養と申します。当然ご本尊様はお喜びになられ、ご家族の皆さんが健康に暮らせるように見護られます。

何事も先ず健康から

女性の体は男性と違い、特に痛みに耐える強い忍耐力を備えています。少しぐらいではへこたれない柔軟な体ですので、ときとして病が手遅れとなりがちです。

家族の健康には大変な神経を注いでも、ご自身の健康については後回し、氣にはするものの重大な検診を進んでしていない方が多いのではないでしょうか。

女性の乳がん、卵巣がん、子宮がん、胃がん、大腸がんなどの検診は、市町村で補助しています。進んで受診致しましょう。

緊急時に備え診察券を常に所持

Aさん　先生、主人が一ヵ月前に脳出血で倒れ、救急車で病院に搬送されました。搬送先で検査に時間がかかり家族は心配しました。

林　脳出血は、時間差で様態が大きく左右されます。場合によっては死に至ります。

大切な命を守るため、緊急時に備え一枚の診察券を常に所持しましょう。それには日頃から家族夫々が元氣な内に、脳外科、心臓外科の優れた病院で受診記録を作成し、それがわかる診察券をつくっておきましょう。血液検査も事前に受け、それをカルテに残しておきます。

それによってもし緊急時、救急車で搬送されることになっても、その診察券を救急隊員に見せることで、あらゆる手段であなたに一番適当な病院をみつけ搬送してくれます。これが現在の救急救命医療です。

連絡を受けた病院では搬送されるまでにあなたのカルテに記載されている血液型を見て、血液検査等を改めてすることなく、場合によっては輸血の準備もして待機できます。

病院は受診した際のカルテを重視しますので、手術開始が二時間位は短縮されます。この時間差は尊い命

に計り知れない価値を与え、後遺症を軽減することに役立ちます。

元氣な内に受診され、手許に診察券、病院に記録を残しましょう。

Aさん　今迄はそこまでの準備は考えてもみませんでした。家族のために大切なことですね。

林　是非一枚の診察券を常に携帯されますことを、お勧めいたします。

脳卒中の予防（渡部剛也先生 特別寄稿）

脳の病氣には種々ありますが、良く知られているように脳卒中が最も多く、死因統計で悪性新生物（がん）、心疾患に次いで第三位に位置する、頻度の高い病氣です。

医療の進歩により脳卒中で亡くなられる方が減ったかわりに、後遺障害をかかえて余生を暮らす患者さんは増加の一途であり、高齢者の介護サービスなどの問題とともに社会問題ともなってきています。

脳卒中は前ぶれなく突然発病することがほとんどであり、後遺症はリハビリテーションに

ても改善することが難しいため、発症を未然に防ぐための予防に重点が置かれるようになりました。脳卒中には、

①脳梗塞
②脳出血
③くも膜下出血

の三種類があります。

脳梗塞・脳出血

脳の血管には四十歳頃から徐々に動脈硬化が始まり、加齢とともに進行します。しかしこれにさらに拍車を掛ける因子がわかってきており、これらが脳卒中の危険因子として重要視されています。

1．高血圧

高血圧は脳の血管にも強く負担をかけ、動脈硬化を早く進行させるのみでなく、脳内の細い血管に微小動脈瘤という小さな血管の膨らみをつくることも増加させます。この微小動脈

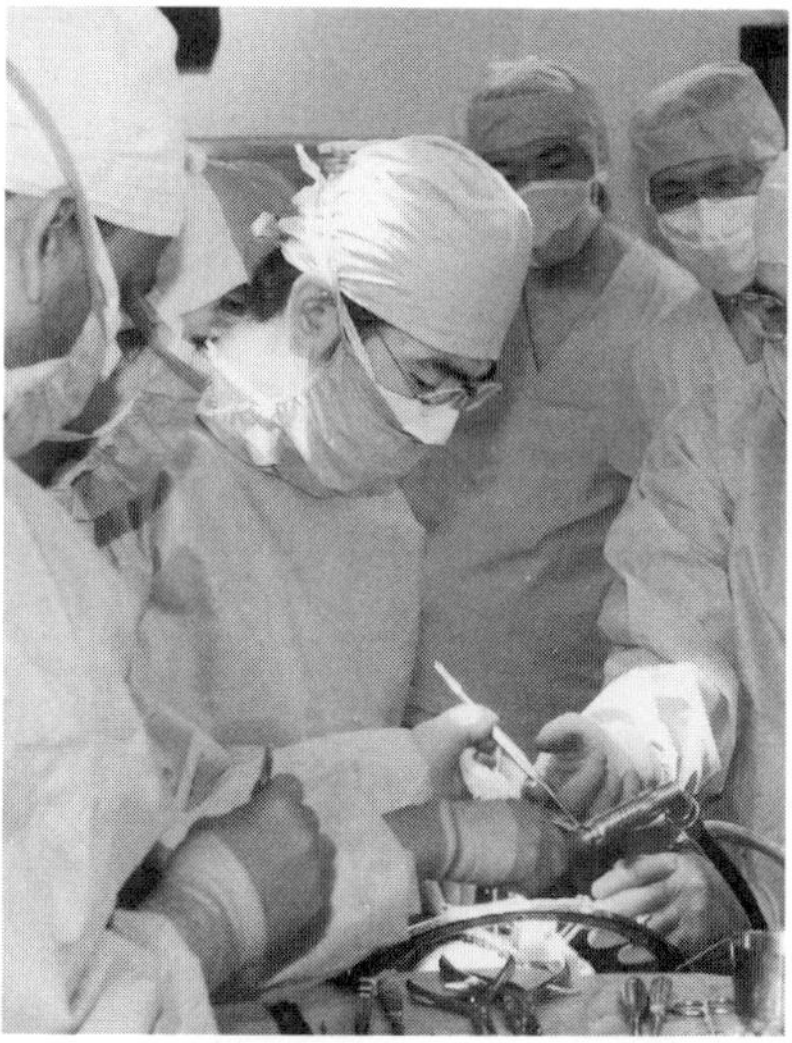
執刀中の渡部剛也先生（写真：中日新聞）

瘤は、破れれば脳出血、詰まれば脳梗塞をおこす危険な異常血管で、高血圧を有する方はこの微小動脈瘤が正常人より多発します。血圧が常時一四〇／九〇mmHgを超える場合、脳卒中の予防の面からも治療が必要です。

2．糖尿病

糖尿病は血管の動脈硬化を加速させます。血糖コントロールが不良のまま放置すると脳卒中を起こす危険が高くなります。

3．高脂血症

血液検査でコレステロールあるいは中性脂肪が高値を示す場合高脂血症とよばれます。これも動脈硬化の進行を加速させる危険な因子と判明しており、食事・運動療法、さらには内服薬によるコレステロール・中性脂肪のコントロールが動脈硬化による病氣の予防に、また脳卒中の予防に重要です。

また近年メタボリックシンドロームといわれる概念が注目されています。これは内臓脂肪が一定以上に増えすぎると、内臓脂肪の細胞から分泌されるホルモンのような物質が十分出なくなり、これがひいては種々の病氣を引き起こす病態のことです。肥満対策も重要です。腹囲が男性で八十五cm、女性で九十cm以上はメタボリックシンドロームの可能性が高いといわれています。

4．喫煙・アルコール

タバコもお酒も脳卒中の危険因子であることはずいぶん以前から指摘されていて、タバコはゼロに近ければ近いほど害が少なく、アルコールは適量以内が望まれます。アルコールの適量とは、エタノール換算で三〇g／日、しかも週に二日の休肝日をもうけることです。エタノール三〇gは、ビールでいえば大瓶一本、日本酒は一合です。大酒家の方は脳卒中でも特に脳出血を起こしやすくなります。

くも膜下出血

くも膜下出血は、脳の太い動脈に動脈瘤（異常な血管の膨らみ）が発生し、壁の薄い部分が破れて出血する病氣であり、一度発症すると一／三の方は死亡、一／三の方は重い後遺症が残り、残りの一／三の方だけが元の生活に戻れるという、危険な病氣です。

脳動脈瘤を持つ人は人口の五〜六％であるといわれており、動脈瘤が存在した場合出血を起こす危険は一年間で一〜二％という統計結果がでています。

現段階では脳動脈瘤の発生を予防することは不可能ですが、動脈瘤を出血の前に発見し、未然に治療して出血を予防する目的で脳ドックが行われています。頭部ＭＲＡにて動脈瘤は簡便に発見されます。

以上、脳卒中の危険因子、予防につき述べました。家庭での心がけで脳卒中はかなりの確率で予防できます。ご参考にしていただければ幸いです。

最後に、以下のような症状があれば脳卒中である可能性があるためすぐに病院へ行ったほうがよい、という項目を挙げておきます（米国 American Heart Association の勧告する症状より）。

－ 突然、顔や手足にしびれ感が生じる、力が入らなくなる（片側）
－ 錯乱状態となる、会話や理解がおかしくなる
－ 急に目が見えなくなる
－ 歩けなくなる、平衡感覚がなくなる、めまい
－ 原因なく強い頭痛がおこる

藤田保健衛生大学　脳神経外科　渡部剛也先生

薬漬けの長寿は健康なのか？

「飽食日本」と言われるようになって三十年、国民の健康に関する問題も大きく様変わりしてきました。成人の病氣として成人病がありましたが、生活習慣が大きくかかわっている

ということで生活習慣病と呼び名が変わりました。

大人のみならず、子供までもが同様な病にかかっているわけですから問題は深刻です。一人一人が早急に生活の基本である食事、運動、睡眠などの内容を見直さなくてはなりません。

患者の増加は、医療費の増大にもつながっています。例えば糖尿病、ちなみに合併症（脳・心臓・腎臓・肝臓・眼科等あらゆる臓器の疾病）になると、医療費は約二十五倍に跳ね上がります。

それが毎年増え続けているのですから大変です。

血糖値の高い中高年の皆さん、薬で体は良くはなりませんぞ。

では、何か良くなる手だてはあるのでしょうか。

厚生労働省も現在の状況に危機感を抱き、生活習慣病予防の健康づくりとして

「一に運動、二に食事、しっかり禁煙、最後にクスリ」

と呼びかけています。

ところが運動したり食事を制限したりすることは、なかなか難しいものです。血糖値の高い患者は、この呼びかけを都合良く解釈して、どうしても薬を飲んで血糖値を下げようとします。

その結果数ヵ月かまたは数年で本当の糖尿病になってしまいます。

そして糖尿病独特の合併症で、体中の臓器の抵抗力が無くなり、医者通いする中高年の方が近年増え続けているのです。

そのため社会保険、企業組合保険、国民健康保険共に医療費の出費が増え、何処も財源が細り、大赤字になっています。


そこで提案です！

現在、血糖値一一〇の人を糖尿病予備軍と言っていますが、その呼び方を止めます。

一一〇は正真正銘の糖尿病です。それをはっきりと本人に自覚させ、早急に生活全般の見直しや、具体的な改善策の指導にあたるのです。

なぜかと言うと、早く治療にかかることで、本人の健康改善とともに医療費の増加を止めることができるからです。

この改善策には根拠があります。実は、私自身が糖尿病にかかったのです。しかし幸いにもそこから脱出できました。その経験を生かし、一人でも多くの人に糖尿病から脱出する機会を提供する「心身健康センター」という道場を各地域に立ち上げたいと考えています。

その利用方法は、健康に自信の無い方や糖尿病と診断された方に一定期間宿泊していただきます。会社に行かれる方は道場から出社し、仕事が終ったら道場へ帰還してもらいます。各地域というのは、そういう意味があります。

理想的な食事、適度な運動を取り入れた道場のプログラムにそって生活して頂きます。当然、睡眠や施設の環境にも配慮し、その中で心身ともに健康を取り戻して頂くことを目的に現在実現に向けて計画中です。

この施設では、私が考案したベッドが設置されます。これも乞うご期待です。

最期を迎えるに家族とどう対処するか

人生最終の美学、死をどう迎えるかは、本人の立場に立って考えましょう。

願わくば、自宅で家族に看取られるのが本人にとり最高の喜びであり、子供にとっては大切な親孝行になります。

でも親は、子供に世話をかけまいと施設に入ろうとする。

少子化時代、自宅介護の場合は家族にとって休みがありません。しかし良く考えて下さい。施設に支払うお金を自宅介護費に当てて試みるのも一理あります。

介護される人にとりましては、住み慣れた家、広々とした部屋で最期を迎えたい。そして何よりも、家族との生活で精神面での安定も得たいという思いがあります。そういう精神的な格闘があるなかで、どうしたらいいのでしょうか。

・介護する家族と親が、現在の介護制度をよく理解して、役所やケアマネージャーさんと綿密に相談すればより良い知恵が出ます。

・昨今訪問医療も活発で、地域のお医者さんは氣安く訪問してくれます。

但し、重症患者はこれには当てはまりません。専門医療機関のお世話にならざるを得ません。二〇一〇年頃には、在宅医療訪問介護が主流になって参ります。

コラム　先が見えないとき

今が不幸であっても、一生不幸であるとは限りません。

我慢《がまん》はせいぜい二年か三年、そのときは苦しいけれども過ぎてしまえば案外早いと感じるものです。

道は必ず開かれます。

しかし途中で挫折してしまえば、さらなる試練がやってきます。

第五章　子供は国の宝、親の身勝手では育たない

子供の誕生と子育てについて

人の体は、数十兆の細胞でつくられています。人の手では決してつくることのできない神秘そのものの世界です。私はその全てが神様ですとお話しています。

神様は、母親の子宮内で膨大な数の細胞を間違えることなく細心の神経を注ぎ、人間の形にしていきます。家族や取り巻きの人は母体の精神が穏やかに過ごせるように氣配りをする必要があります。

人間を形づくるに要する日数が、十ヵ月と十日と一般に言われています。最初につくられるのが目です。次に五臓六腑　肺臓　心臓　脾《ひ》臓　肝臓　腎《じん》臓　胃腸などが作られていきます。その間、どなたも介入できません。神様が両親の生き様を照らし合わせておつくりになられます。

両親は子供が偶然できたのではなく、子供を授かるという心遣いを持つことが大切です。母親は生まれてくる子供のために、心穏やかに過ごし出産の準備をします。

男子は母親に似ます。女子は父親に似ます。五体満足で、性格のよい子が誕生するよう両親は神仏に帰依し祈りましょう。

誕生した0歳から三歳までを神童と申します。この時期、人間としての基盤が構築され「三つ子の魂百まで」というように重大な意味があります。

なかには、それは根拠がないという人がいますが、大きな間違いです。そういう論調には惑わされないようにしてください。

初産のときは両親も子供も未熟です。両親は、子育ての勉強を経験者から教えていただく素直な心遣いが育児の期間中は必要です。教えて頂けることに対し、感謝の心を忘れないようにしましょう。

生まれてから、体内にいた時と同じ期間を過ぎたころから、ようやく人間らしくなり、目に入るものは何でも掴み、口に運びます。立って歩き始めるようにもなります。この行動が欲望の第一歩です。肉体の成長に合わせた食欲が出、次に言葉を覚え、自分の欲望を言葉で表現するようになります。

しかし三歳までは、人の手を借りないと生きてはいけません。ここがポイントです。大人のように自由に動けない。すなわち三歳までは神の生命を受け継いだ純粋な心を持った神童です。ですから両親は、三歳までを特に大切に育てなければなりません。

しっかりと愛情をこめて抱きしめてください。たっぷりと愛情をもらった子は、聞き分けの良い子に育ちます。また困難にも耐える氣持ちの強い子に育ちます。

とくに注意しなければならないことは、子供の前で夫婦喧嘩をしないことです。これは非常に大切ですので守ってください。

生まれた子供を、仮に三歳までに里親に託しますと里親の性格は似ますが、細胞と遺伝子、記憶と色素の違いは里親には似ません。

しかし里親の子供に対する愛情は、子供の成長過程でしっかりと心に刻まれますので、優しく養育してください。

使命感にそった生き方ができるように導く

康子さん　いまの時代、自分がちゃんと子育てができるのかと心配になったりします。どんなことを注意したらよいのでしょうか。

林　子供は、親の真似をして育ちます。親の生き方、考え方がそのままうつるといってもいいでしょう。赤ちゃんだから何もわからないと思ったら大きな間違いです。大人と接するように、心をこめて子供に接してください。

次に大事なことは、子供が使命感にそった生き方をできるように仕向けることです。使命感については、第一章でも述べましたが、魂が母体に宿ったとき、その人が誕生から死するときまでの一生において果たすべき内容を天から授かるものです。

それは人それぞれに違った役目があり、それに従って人は生かされています。

康子さん　受胎したときに使命感を授かるということは、事前に分かるのですか。

林　そのことも前に述べましたが、誕生したときに忘れてしまっています。しかし三歳までを神童、四歳から七歳までを童子といいますが、この年齢の内ならその子に備わった使命感を、母親は育てる過程でおおよそ知ることができます。しかし成人に達するまでは環境によって紆余曲折します。

しかし最後は、使命感にそって歩んでいますから不思議です。

康子さん　子育ての過程でわかるということは、どういう意味ですか。

林　親の育て方に応じて、子供の使命感が引き出されるということです。特に母親との接触が大きく左右します。子供の心に安心感が育つと、自由で活発な行動力を発揮し使命感を果たすようになります。

ただし子供のときは、使命感が具体的にわかるというのではありません。方向がわかるということです。年齢を重ねるごとに具体的に自分の生き方が見えてきます。

そして将来、両親の面倒を見る責任感のある子供に育つことも可能です。就いた職業によって転勤があれば一緒に生活することは困難になりますが、生活費等で面倒を見てくれる優しい心のある子供に育ちます。

ただし、親として生活費を子供に貢がせるのは親の生活設計ミスです。親はその時のためにも蓄財をしておくことが大切です。財産を持っている状態で、子供に面倒を見てと言うことのほうが親としていいのではないでしょうか。

康子さん　では子供に、将来親の世話をしなさいと言わなくても良いですか。

林　いちいち言わなくても大丈夫です。子供に与えられた使命感を素直に受け止め、感謝し、それを全うできるように両親は心掛けることです。そのためには、清らかな心が育つ環境づくりをしなければなりません。

そのなかで子供は、親の日常の態度を見習って、生き方を体得していきます。親が感謝の念なくして不足をいうと、子供もそのように育ちます。俗にうちの子にかぎってという言葉を耳にしますが、それは親の生き方の反映ですから注意してください。

あげく、自分の考えに耐えかねて自殺を考えるという、わがままな子供に育ちますので、母親はそのような子にならぬように心掛けることが肝心です。

両親の役目は、子供をこの世で役に立つ人間として育てることです。働くとは「はた（端）」がらく（楽）」になることです。そうしたことを素直に受け止められるような心の持主になるよう育てましょう。

使命感はあなたの魂と、あなたの分身・守護霊がよくご存知です。自分の体を大切にすることが使命感にそって歩む最大条件です。

康子さん　我家の子供は先生の言われた通りに育てられるでしょうか。

林　可能です。心配せずに聞き分けの良い子に育ててください。ただし甘やかしはいけません。自分の命に代えても我が子を守るという真剣な氣持ちを忘れないでください。

良い子供を授かる方法

恵子さん　どうすれば良い子を授かるのでしょうか。その方法についてお話を聞かせて下さい。私もこれから良い子を授かりたいと思っています。

林　私は学者ではありませんが、神様にお尋ねを致しますとこのように申されます。

人はどんなに科学や文明が発達しようとも、母体は人間の体を構成する数十兆の細胞を何一つ配列を間違えたりせずに形成し胎児として育みます。母親は実に偉大なる力、産む力を持っているのです。

ですから不思議な出来事の時に、「ハハー」と感心してうなずきますが、それが母の語源ではないかと思います。新しい生命を生み出すことは、何にも代えがたい不思議な出来事だからです。そういう意味を持つ日本語は素晴らしいと思います。

話が横道にそれましたが、命を授かるということは母親にとり命懸けです。それだけに周りの人は、妊産婦をいたわらなければなりません。

母親の懐妊は、真空状態の中で精子と卵子が結合いたします。子宮近辺は神秘な大宇宙そのものです。けがれのない神聖なる所です、と神様より聞かされております。

周りの人は、妊婦の心が騒ぐようなことだけは避けましょう。

恵子さん　子供が授かるということは、母親に偉大な力が備わるということですね。

林　そのための夫婦の営みは、快楽もさることながら夫婦話し合いの上承知して授かるようにしなければなりませんね。このことを皆さんに知って頂きたいと思います。

恵子さん　良くわかりました。

林　お母さんになられる方は、鏡の中の自分に「良い子が授かりますように」と声掛けして下さい。本当に良い子が授かります。
多くの親は子供を偶然に授かることが多いので、心の準備がないまま育てることになります。そのために氣苦労が多く、親の言うことを聞かない身勝手な行動を取って親を困らせる子に育ててしまうことになります。全て最初が肝心、大切です。
特に夫婦で神仏に帰依する心を養うと宜しいでしょう。そうすると自然に子供もそれを見習います。人生全てこのような法則を承知して歩むことで、失敗を未然に防ぐことができます。

恵子さん　先生が子供さんを授かる時は、どうだったのでしょうか。

林　私達夫婦は神様の言われる通りに、鏡を見てご挨拶を致しました（それが神様に対する仁義です）。すると皆さんは信じられるかどうか、妊娠三ヵ月の頃、お腹の胎児が「誕生したら医者になり大勢の人を助ける仕事をしたい」と申しました。現在その通りになり産婦人科を開業しています。
また、三年後にも同じく妊娠三ヵ月の頃に鏡を見て仁義のご挨拶を致しましたら、胎児が

「誕生したら医者になり人様に喜んで頂ける仕事に就きたい」と申します。

二人の子供は国立大学医学部でお世話になり、今は二人とも中堅の産婦人科医で、日々生き甲斐を感じながら、激務をこなしています。私自身家族の将来を見させて頂きました実例です。

神様の言葉には二言はありません。讖、眞、誠、伸、心、身、神です。一度「しん」と言う文字の意味合いをご自身で辞書を引いて下さい、色々あります。

私は天之御中主神《あめのみなかぬしのかみ》の啓示を頂いてお話を致しております。私自身は神官でも僧侶でもありませんが、ありのままお話をさせて頂いております。参考になれば幸いです。

育児の大切さを知っていますか？

子供の目線で道徳を教えない母親の子は、決まって子供の仲間から弾き出されます。

親は、日頃子育ての勉強をしながら、しゃがんで子供の目線に合わせて道徳を繰り返し教え聞かせます。人との交わり方や、仲良しの仕方などを教えると、いじめたり、いじめられたりすることがなく、子供なりに友と自然に交わり育って行きます。

子供が幼児期のときは両親も若く生活面で楽な人はいません。そういう状況では親子共に生きることに一生懸命ですが、少し生活面で楽な環境になると、ややもすると親は物を与えて子供を甘やかす傾向がでてきます。

特に高齢出産の方にこの傾向が見受けられます。

この本をお読みになられたら、そういうことを振り返ってみてください。

母親の期待感が裏切られる

学問が優秀でも、実社会は別です。親は子供に、実社会の世渡りを人様から教えてもらうよう指導しなくてはいけません。大人は子供に、人の話を聞く耳を持つよう日頃から言い聞かせてください。

子供は何歳になってもあなたの子供です。口うるさいといわれようが、安全な道を歩ませたい母の切なる願いを伝えてください。

それではここで、学問が優秀であったのに、実社会でうまくいかなかった子供の実例を紹介しましょう。実にもったいない話です。

一男二女の子供を授かった美しいお母様です。子育ても順調、有難いことに末っ子の男児は町で一番の秀才。町では「山本の子はきっと東大に進学する」ともっぱらの噂でした。

おりしも東大紛争、東大をあきらめ慶応義塾大学経済学部に進学。両親の期待は、頭が良い子なのできっと素晴らしい経営者になるであろうと、大事、大事に育てました。

大学卒業後父の家業を継ぐも、実態は借金だらけの会社でした。幾ら秀才でも、親の借金を棒引きにと銀行に頼んでも叶うはずはありません。

ある時、私の所に出入りする山野君が、慶応時代に親しかった山本君に会って欲しいというので会いました。

山本君の体全体から、素晴らしいオーラが出ているではありませんか。

とっさに私は「君が背負っている借金は、君がその氣になれば短期間で返済できるが、私の言う通りに行動するか？」と尋ねました。

素直に言う通りにすると答えたので、次のような話をしました。

山本君、君には結婚している年上の女性がつきまとっているね。君の人生を将来駄目にするのでその女性とは縁切りしなさい。そうしないと君が幾ら頑張って目標を掴もうとしても、考え方に雑念が入り的外れとなります。

女性と縁切りしたら、またお会いしましょう。

数日後、山野君より、「先生、山本君が、あの方は僕のことをズバリ言われたが、僕は今の借金地獄から脱出したいので、再度林先生にお会いしたいと申していますが」という連絡をもらいました。

私は、話したことを実行するならばお会いしましょうと返事をすると、「先生、ぜひともお会いし、お知恵を頂けないでしょうか」と彼から直接電話があり会うことにしました。

私は、山本君の守護霊と一体となり、君の心次第で会社を再構築できるが、必ず以前の件を守ることを条件として指導に当たりました。

以来五年で当面の目標であった無借金になりました。ここから山本君の人生が狂い始めました。借金から解放された氣の緩みと、抑えていた色情が再燃し途絶えていた人妻と密会を重ねさらに密接な関係が始まりました。

これも山本君の家系の因縁のなす業。再々申しても止める氣配はありませんでした。

（家系の因縁とは、代々女性を軽視し、女性をもてあそぶ癖が承継される）

そして今度は、自分の考えで仕事をしたいと私に申し出ました。以来次から次へと新規事業に華々しく投資してマスコミにも登場、突き進んでいきました。

無借金となった山本君は、世間からはさすが秀才よく頑張ったと評価され、しだいに私より離れて行くことになりました。

年上の女性と暮らし、日々おだてられ、日増しに交友関係が変わります。金目当ての餓鬼童集団に夜な夜な取り囲まれ、おだてに乗せられ凧のように舞い上がり、裸の王様状態で浪費の日々を東京で過ごします。

（餓鬼童とはこの世のペテン師、言葉巧みに金を浪費させる集団）

氣がついた時には、数百億円の借財。当然土地家屋をはじめ全ての財産は保証人としてのかたに取られ、丸裸となりました。

このような状態になっても母親は息子をかばい、「全財産がなくなるとは思えない。息子は頭の良い子、先生にとやかく言われなくともしっかりと事業をやっていきます」という。その母親の息子への信頼は、大変凄いものがありました。

私はお母様に申し上げました。

「秀才と世渡りは別物です。子供の時から頭が良い子と育てられ、何をするにも母親は偉くなれ偉くなれの連呼、子供は親に隠れて悪いことをするようになります」

子供の異常な行動に早く氣がつき、母親の偉大なる力で子供の歩む道を修正することが必要だったと今にして思います。

山本君の色情関係は、いずれ止めるものと決めつけ、時折確認をしつつも期待して指導してきました。家系の因縁は、自らが家系の因縁を断ち切るくらいの強い決意がなくては絶ち切れません。

彼を無借金に導きながら、信頼して無一物にしてしまった私の失敗談です。

コラム　言葉の力

嫌だ、嫌だ。苦しいことばかり……

否定的な言葉を使うことはやめましょう。

言葉は現実を想像します。

お母さん、特に幼児期は、愛情をこめて積極的な明るい言葉を遣いましょう。

日本人が育たない今の教育

昭和二十年八月（一九四五年）、日本は戦争に負け、米国の占領下で教育制度が変えられ六、三制の義務教育がスタートしました。「自由民主主義」という名の下、子供たちは自由、氣ままに生活し、日本人が最も大切にしてきた「道徳」が欠落するという結果を招いています。これを獣化政策と言います。

さらにアメリカは、日本人の宗教観を恐れ、神社を国家から分離する「神道指令」を昭和二十年十二月に通達しています。それらの効果が六十二年間を経て現在現われているわけです。

若者はアメリカの一番悪いところだけを見習い、間違った自由の意識が日本国内に蔓延《はびこ》っています。今こそ国民の意識改革で、すばらしい日本を取り戻したいと願うのは私一人ではないはずです。

米国が目的とした、日本への占領政策は一応成功をおさめたわけです。

ベトナム、イラクも日本のようになると考えた一部のアメリカ戦略政策担当の誤算が、現在のアメリカの国情といっていいでしょう。

国歌「君が代」を捨てた教育は正しいの？

日本の国歌を歌わせない一部の教育者の指導が、純真な生徒を迷わせています。

アメリカ国民は、自国の国歌を誇り高く歌う。日本の教職員は生徒に国歌・君が代を歌わせない。アメリカ国歌なら良いというのか。

一部の教職員がマスコミに吹聴し、日本の教育を駄目にしています。世界を見回して、自国に誇りを持たない国民がいるでしょうか。

日本の教職員の中にも正義感ある人が沢山おられます。

採用した全国の教育委員会の責任を問うと同時に、日本国民は学校教育に責任を回避するのではなく、今こそ真正面から体当たりし、学校改革、改善を率先して行なはなければなりません。

そうでなければ日本は、将来三等国になり下がります。

二〇〇八年に開催される北京オリンピックを機会に、日本国民は国歌が歌え、国旗を尊重する国民となるように国を挙げて取り組み、恥じない日本国民になりましょう。国民自身が意識を改め協力すべきです。

先生の威厳は不必要でしょうか？

子供に勉強を教えることは、大変なエネルギーが必要です。親しきなかにも礼儀あり、先生と生徒の間には一定の距離、立場の違いがなければなりません。

先生として尊敬されるには、先生自らが身だしなみを正す必要があります。

一例を挙げますと、ジャージを着て授業をするということは、生徒と慣れ親しむという点においては良いかもしれませんが、規律という点においては、教師と生徒との一線が失われ、先生の威厳が損なわれます。

生徒から友達としてみられる原因ともな

ります。

ですから先生は、生徒に差を示す必要があります。特に男性の先生には、規律を重視して頂きたい。

例えば黒板の前で、紺の背広の袖にチョークの粉がつく教師の姿を生徒は見ています。そこが大事です。とにかく、熱心な先生という印象を生徒に植えつけさせる、規律正しい姿を見せてください。

そうなれば生徒も自ずと校則を守り、倫理、規律に従う生徒に育っていきます。

政府は学校改革に今こそ英断すべし

つい数年前まで、国民みな中産階級という時代がありました。日本の教育はこのあたりから、両親の教育観、道徳観念がなくなり、校則、規律等を軽視するようになりました。

その結果学校は、少子化も相俟って子供たちを「自由に育てることが良いこと」のように、言わば無責任な野放し状態になりました。

そのツケが今日の教育環境そのものによく表われています。

学力はここ数年で近隣諸国に追い越されています。資源を持たない日本における知識の向上は、二十一世紀の日本が生きていく上でもっとも必要なことです。今こそ先生は日本の将来を見据えた上で、考えを新たにして頂きたい。

今こそ国は小手先の改善ではなく、国の政策として思い切った規律を定め、「生徒とはどうあるべきか」という方向性を打ち出すべきです。

その手始めが「身だしなみの統一」です。

大人と子供（先生と生徒）の姿格好の区別をはっきりとつけることです。

中学生ともなると近年の男子生徒は背も伸び、遠くから見ると着る服や格好によっては大人に見えることもあります。これを学生服等でハッキリと区別できるようにすることです。そうすれば中高生以上の生徒が風俗に誘われることも少なくなります。中高の生徒や大学受験生や浪人生までは、黒の詰め襟学生服、小中高の男子生徒は皆丸坊主とし、女子はおかっぱ、髪は短く化粧や毛染めも禁止します。

国は再度原点に戻り、学校教育を受ける生徒の姿勢を規律化する必要があります。国の英断を期待します。生徒から改革すれば先生も改善されます。

適職願望はほどほどに

（佐藤邦夫先生 特別寄稿）

最近　就職活動時に、適職を探すことに多大な労力を費やす人達がいます。当然現代では、自分が就く職業というものは自分で決めることのできるもっとも大事な事柄のひとつです。

しかしこれも行き過ぎると、せっかく決まりかけた、あるいはすでに就労しているよい就職先を、もしかしたらもっと良い会社があるかもしれない、あるいは、もっと自分に向いた職業があるかもしれないということで逃してしまうことになりかねません（こういう場合は根拠の無い欲望で心が奪われています）。

確かに明らかに自分に向いていないと思われる職業に就くことは得策ではありませんし、よく考えもせず見掛けだけでよい就職先と決めてしまうのは考えものです。

ここでよい就職先と言ったのは、必ずしも規模の大きな会社とか、あるいは将来発展しそうな職業ということには限りません。小さな会社でもきらりと光る得意分野があるとか、地味に見える職業でも、実は根強いニーズのある有望な職業なのかもしれません。

もちろん、適職願望の強い人はそのようなこともいろいろ考えるのですが、実際は自分の能力や適性といっても、その仕事に対する向き不向きというのは、本当に細かいことは、事

佐藤邦夫教授

前に分からないこともあるのです。

初めは氣が進まなかった仕事に就いたけれど、慣れない中にも努力と工夫をして、かえってその分野の第一人者になった、という話は世間でよく聞く話です。

中にはいわゆる「天職」を探し求めている人もいます。

確かに天職を見つけ出してそれにまい進するというのは理想的な人生の形と言えるかもしれませんが、これがなかなか見つかるものではありません。

時代によって職業の種類や内容は変わっていきます。そのような中で、もしかしたらその人の天職などというものは、現代には無いのかもしれません。

どのような理由にしても、ひとたび始めた仕事は、腰をすえて頑張ってみることが大切です。**どのような仕事のプロでも、始めはまったくの素人であり、自信が無かったに違いありません。**

腰をすえてがんばってみるという姿勢を失って、いつも、まだ見ぬ適職や天職を探し求めているようでは、いつまでたっても一人前になることはおろか、生活が安定せず、その結果「仕事に大成する」という美酒を味わうことなく、人生を終わりかねません。

適職も天職も、努力の上に舞い降りてくることを忘れないでください。

三重大学大学院生物資源学研究科　応用環境情報学研究室　教授　佐藤邦夫先生

塾や大学で将来を保障できますか？

高度成長期に誕生し、道徳、倫理を教えてもらえなかった子供たちが親になる時代になりました。ということは、「勤勉」「努力」「親孝行」が欠落したまま大人になっているということです。

今日の教育の中で、親の期待感とは裏腹に、本人の氣休め場所となっているのが、入学試験のない予備校です。誰でも入学できる予備校を、本当に勉強を志す受験生のための学校にするなら入塾試験を行うべきです。

大学受験のための塾なら、その塾を勉学の場所として、例えば一年短期大学へと呼び名を変更したらいいのです。

早く子供にあった専門職に従事させ、仕事を覚えて自分の能力を見出すようにすることも国策の一端と見ます。

今日、日本の就業が高年齢化しているのは、予備校の期間と大学四年の期間が一因となっています。

親御さんたちは、学歴社会の名残《なごり》が今もって脳裏にありますが、現在は能力社会に変貌しつつあります。大学を卒業したから能力があるとは限りません。

両親は日頃から、子供の性格を頭におき、おだやかな会話で子供と一緒に将来について話し合うことが肝要です。

子供はまだ未熟です。親のアドバイスを求めています。

子供の将来を真剣に考えましょう。

コラム　あなたのお父さんは素晴らしい

お母さん、あなたのご主人のことを子供にどのように話をしていますか。

私の体験から言うと、「あなたのお父さんは素晴らしい」と子供に言い聞かせている家庭では、子供はお父さんを尊敬し、お母さんも子供から信頼されます。

夫婦は一体、子供の前ではお互い褒めあいましょう。

褒めあう、認めあうということは、あるべきものをあらしめ、立てるべきものを立て、秩序ある世界をつくるからです。

子育てを謙虚に反省できますか？

世の中は無責任時代になっています。

両親は子供の躾《しつけ》が悪くても、自分達が悪かったとは言いません。勉強ができないのは学校のせい、先生の教え方が悪いと言い放つ。欠陥人生の典型です。

こういった人はたいてい「私は悪くない。国が悪い。他人が悪い」と、全てを他人のせいにします。

人というのは、全て使命感を授かって誕生しています。

勉学だけが人生ではありません。子供の将来を真剣に考え、子供の長所を早く引き出すためにも親子の会話を多くしましょう。

そして、きっとこの子も世の中で役立つという信念を持って、その子に合った仕事を見つけましょう。そしてその子が辛抱強く従事すれば、必ず将来の展望が見いだせます。

親は、子供を見捨てない。あきらめずに根氣よく子供のために会話を増やし、子供の長所短所などを見出し、方向づけをしてやりましょう。

それが親の責務です。

本書は、親のあり方を具体的に示してあります。迷った時には読み返してください。きっとあなたの力になるはずです。

親の勉強不足は子に祟《たた》る

親が世の中の仕組みを勉強することは、とても大切です。それを子供に伝えることは、もっと大事です。世の中の倫理を親から教わらない子は、一生自分の過ちに氣づかずに過ごすことにもなります。

挙句の果て、土地家屋や持っている資産の全てを失う場合もあります。

その対策ですが、我が家の家訓を作りましょう。それを考えることで子供に何を教えたらいいのかがはっきりします。

そう話をすると、家訓を作るような家柄ではないとか、我が家は失うものがないので不要ですという人がいます。いずれにせよ将来に向かって、人としてしてはならないことを守るべきことを家訓にするのです。

家訓を通して世の中の倫理を繰り返し語りましょう。同時に親も姿勢を正し、模範を示しましょう。そうすることで自然と子供は体で覚えます。

難しいことはありません。
あなたの子供です。きっと将来立派な大人になります。

放任で規律が身につきますか?

道徳教育を無視した世相のツケがいろいろと見受けられます。例えば「身勝手症候群」、身勝手な母親には身勝手な子供が育ちます。両親が日常自分勝手な行動をとり、子供の日常生活を監視していないことが原因です。

このような子の母親は決まって、「うちの子は何一つ悪いことはしていないのに、世間は私の子を蔑視《べっし》する」と言います。親の反省が全くないことになります。

子供が身勝手な行動をとるために、真の友達ができません。できたとしても勝手集団の仲間に入り、挙句の果ては刑事事件に巻き込まれ、人生を台無しにします。

そういう子供の心は、とても淋しい状態にあります。お母さんとの会話や愛情を求めています。しかし子供は、母親の行動を見て子供なりに遠慮します。親に心配をかけたくないと思い、身勝手な母親に自分の氣持ちを伝えることができないのです。

そのため希望もなく、目標もなく一日を過ごしてしまいます。それが生活リズムとして体に染みつきブラブラ病となるのです。

子供の自由氣ままの姿は、母親の身勝手な行動が子供にそっくり転写したと思ってください。事件が発覚してからでは遅すぎます、今のうちに先ず、母親の心から改めましょう。

青少年の風貌の乱れを正すことができますか?

青少年の風貌の乱れを正すには、ファッション業界と化粧品メーカー、そして理髪店、美容院の協力が必要です。

現在、日本人特有の道徳から大きくかけ離れた服装が流行《はや》っています。

ジーパンやウエアーを、故意に穴を開けて街中を歩く姿は、「穴あきパンツの平成乞食ルック」、ズボンが今にもずり落ちそうな姿は「ゾロゾロファッション」です。

また、近年男性が美容院へ出かけ、長髪型が男子青少年にまで浸透してきています。

今こそ業界あげてこれらを改善しなければ、道徳心なき日本人として、近隣の国々から笑われます。

現在のファッションは、礼儀作法などを度外視した、実に様にならない服装ばかりです。

流行も良いが、今こそ業界あげて服装(ファッション)を見直す時期にきていると言えます。

生活物資を国に頼っていられますか？

日本の繊維産業の衰退は今から二十五年程前から始まり、今日では国産繊維製品の製造が安価な中国繊維製品に押され、国内では不採算となり繊維産業は廃業を余儀なくされています。

近い将来、北京オリンピック終了後、中国で所得格差による第二の文化大革命が起きた場合、洋服はもとより布がなくなり、近年流行の穴あきパンツ、ゾロゾロファッションが今以上に横行するでしょう。

極論を申し上げますと、日本国内では洋服の物々交換、洋服と食料の交換など、今から六十五年前の戦後の物資不足と同じ環境になる可能性があります。

第六章の「その日が来てもあなたは平氣ですか?」の食糧自給率も同じです。日本国民が油断をしていると、現実のことになります。何があっても備えあれです。

手持の洋服を大切に保管するのも自衛手段の一つです。倫理感などといっていられない時代の暗示でもあります。

繊維製品の中国輸入依存度の比率が九十パーセントとなり、最近では電氣製品も中国からの輸入依存度が高くなりつつあります。

自動車はここにきて中国の経済発展に伴い、日本の中古車や中古建設機器が日本国内から大量に輸出され、国内の中古市場にも影響が出始めています。

お陰で原油の高騰、国内のガソリン価格の上昇となり、次なるは魚貝類です。乱獲による品不足に拍車がかかり、魚介類も庶民の口に入ることすら「高嶺の花」となります。

これからの日本は何が必要かと申しますと、食糧自給率を向上させることです。それを国民が自覚し、国産穀物を主とした食生活に重点を置くことが急務になっています。

国民の意識改革で米の増産に力を入れ、米食を重点とした食生活の転換と、休耕田の復活に力を入れ主食穀物の自給率一〇〇パーセントを目指しましょう。

子や孫の代には食糧戦争に巻き込まれないように、何時までも平和で安心できる国造りをしましょう。

資源のない日本では国民一人一人の自覚で、せめて主食米の自給率一〇〇パーセントを確保しましょう。他人事ではすまされません。国民も、将来を見据えた上で農家を支援しましょう。

日本人魂として、主食は米しか食べない運動をする必要もあります。ライスパン、ライスミルクなど、国民の創意で国産米の増産を高めましょう。

感謝の心を教えていますか？

子供に、会社は育ての親と教え、日々感謝して勤務することを教えましょう。親は子供が就職することを前提に、就職の意味合いをしっかりと子供に教えることです。教えないと子供は直ぐに転職したがります。

子供を、産みの親から育ての親（会社）に託すことを就職するといいます。産みの親が二十二年かけて育てるとします。育ての親は定年までとすると約四十年在勤することになります。そうすると、産みの親より、育ての親（会社）のほうが有に二十年も多く、一人の養育に注ぎます。

母親は、我が子が会社で働いているから賃金を頂くことは当然と申されますが、その考えは間違いです。働くというのは、前にも述べましたが、はたを楽にすることです。

あなたの子供は「はたが楽になる」働きをしていますか？

働く、は・た・ら・く・ということは、「はたが楽になる」ように、親＝「社長」に喜ばれるくらいに「はた（が）らく」ことなのです。そのような働きができるように産みの親は、子供をしっかりと激励して下さい。

本人は必ず育ての親＝「社長」に喜ばれる「はた（が）らく」になるよう自ら率先してはたらくことが大切です。育ての親＝「社長」はできの悪い子供でも辛抱をして経済の仕組みや社会人としての倫理を身につけさせ一人前に育て上げます。

実に大変な社会教育を職場でやっているのです。

これは社員教育の原点でもあります。こうした心が社員に伝わるか否かが、会社の繁栄にも影響してきます。本書は、そうした社員教育にも役立つと信じています。

もし産みの親として異議あるならば、学校を卒業したら即自分の身近に子供を置き、教育をしてください。実の子であるが故に社会教育は大変難しいものです。夫婦は仇、子はそれに増しての仇、親のいうことを聞かぬが我が子というものです。

夫婦は、互いに折れ合い思いやる心からなり立っていますが、子供は親の弱点を良く知って話をするので、親は子供の言うことに妥協せざるを得ないのです。

だから、子供はわがままを平氣で言います。それに対して反論できないのが親子の関係です。自分の老後を子に託す弱みでもあります。

学部を基とする就職活動は未知なる能力を自ら閉ざす

大学の学部による就職の選択方法です。

法学部＝弁護士は、当然の道に見えますが、他の職場でも活路があります。

経済学部＝会計士は、当然の道と見えますが、他の職場でも活路があります。

理化系＝専門職がハッキリしていますが、銀行、証券、等にも大きな魅力があります。

学部にこだわらないこと、雇って下さる所にご縁ありと進んで行くことです。

才能は年齢と共に変化し趣味も変わります。自分に一番好きな仕事に就くことがあなたの一番幸せになる基です。

就職は、使命感の初歩、そして人生の入門であります。

長い人生、いつまで面倒を見ますか？

卒業を前にして就職活動もせず、さりとて決まった就職口の宛てもなく、フリーター（日雇い労務者）を親が良しとしているのは、人生に対する甘えです。このような精神では、あなたに合う仕事はありません。仕事のほうがあなたから遠ざかります。
【仕事をさせて頂く】という清らかな心を持って取り組めば、あなたに合う仕事にであえます。

仕事は、自分から命懸けで挑戦するという強い精神力を持ってこそ、生き甲斐を見出すことができます。自分は将来何をしたいのか、静かに考えると良いでしょう。

あなたも使命感を授かって誕生しているのです、きっと素晴らしい人生が拓ける仕事にであえます。

親、先輩、先生達と将来について相談をすると良いでしょう。卒業して数年経っても、学校は君の真剣さに相談に乗ってくれます。素直な心であたれば受けるほうも相談に氣が入ります。あきらめないことです。

仕事を覚えてご恩返し

入社して三年は会社に貢献できませんが、決まった給料が頂けることに感謝、合掌しましょう。その氣持ちをもって一日も早く仕事を覚え、役立つ人になりたいと心定めをしていれば、仕事のほうがあなたに合うようになります。

率先して仕事に従事することです。

入社して三年間は、会社の余剰金と先輩の働きから給料が捻出されていることを忘れてはいけません。それだけあなたの将来を期待しているということです。

仕事を覚えてご恩返しをする。その意氣込みが謙虚な姿に映ります。すると周りの皆さんが仕事の手順を教えてくださいます。

やる氣が一番です。

サラリーマン成功の心得

サラリーマンは経営者でないため、どうしても責任感が経営者より薄くなりがちです。仕事に対し真正面から体を張らず、自ら逃げをつくっていることもあります。

まず大事なのは、会社員として与えられた職制の中で職務を忠実に全うすることです。そのうえで、勤勉、努力、実践により、さらに会社に貢献できる心構えを持ちましょう。そうすればサラリーマンとして成功者になれます。

毎月いただく給料は尊い収入です。その範囲内で生活し、しかも蓄財の努力と感謝を忘れないことです。そうすれば幸せになります。

接待という場での暴飲暴食は慎むこと。そしてただ酒は程々に、肝機能を痛め数年後に後悔することになります。

『何事も根強く忍べ　道草もやがて花咲く春が来るべし』

忍耐強い精神力でことにあたりましょう。

事業に挑戦したいと考えている方、事業で成功する人は十万人に一人の割合です。甘くはありません。一層の忍耐、努力が必要です。

お母さんが真っ先に反省し再度挑戦

「引きこもり症候群」は、親にとって心配事の一つです。ところが子供にとって便利な母親ほど子供を家庭に引きこもらせます。

そして、そういう親に限って子供が引きこもりになっていることを感じません。

特に母親は、わが子は可愛い、また時として可愛そうと思う氣持ちが強く、子離れができていません。

子供は母親の側にいればとても楽です。母親が何でも便利にしてくれるからです。一見素晴らしい母親に見えますが、子供の心は育ちません。

それで引きこもりになっているのですが、母親は自分の子供はおとなしい子だからと、引きこもりを否定します。

母親が自分の趣味や交際を優先し、子供には周囲とのつき合い方や常識を教えません。しかし、物で大サービスします。体は大きく成長しますが、世間離れした子に育ち軌道修正が効きません。

母親はおとなしい我が子に対して、むしろ世間のほうがおかしな目で見ると思い、反省はまったくしません。

そのような子に仕込んだ原因は、まさに母親にあります。絶対自分が悪かったと言わない母親だからなお始末が悪い。

そうした手抜きのツケは、母親が老いてから廻ってきます。

子供には幼児のときから母親が、道徳、常識、努力、言葉遣い、服装、身なりなどをしっかりと手抜きせずに教え導けば、老いても楽をします。

心機一転、子供を勇氣づけてください。

いつごろから引きこもるようになったかの原因の解明をしてください。

引きこもりの人は、得てして素晴らしい隠れた才能を持ち合わせています。母親との会話があるうちは必ず道が開けます。

子供の隠れた能力を見出し、将来に向かって手始めに家でできる仕事をさせ、収入に結びつく仕事の資格を取得させるように導くように致しましょう。

引きこもり対策

（一）集団に順応する機能と運動神経が未発達な状態で大人になりますと、他人との会話に入ることを躊躇《ためら》ったり、スポーツにも興味を持ちません。唯一母親との会話は食事の時です。それで母親は子供によかれと思って、高カロリーの食事を与えてしまいます。そのため母子で糖尿病の症状が現われ苦しむ方もいます。これは食事をする時が、母子にとって唯一の絆であるためです。

父親や兄弟は、そうした状況を素直に受け入れられません。しだいに会話は少なくなり、心に傷がつくような熾烈な言葉を発したりします。本人の将来を案じての言葉です。ですから少し角度を変えて、本人の性格を知った上で何かをやらせるのです。再度申し上げます。家でできるような仕事を、皆さんで考えてみてはいかがでしょうか。

頭脳は悪くありません。問題は心です。心の劣等感を解決するには、本人が自信を持って自立できる資格を取得させることが一番です。家族は協力致しましょう。

資格を取得し、自らその資格を活かすと心が外に向きます。最初の仕事を失敗させないように、母親がフォローすると良いでしょう。

この場合、無理に外出を強要すると精神的に行き詰まり、自信を喪失し自殺へと自らを追い込むことにもなりかねませんので、本人の意思に任せましょう。

※国の対策として、全国に数十万人居る「引きこもり」のために、司法試験、行政書士、不動産取引主任等の免許取得を一般人とは別に試験会場を準備して受験させると良いと思います。

自立支援の道を拓くと同時に、家族救済のためにもなります。

（二）薬物による神経障害から、家に引きこもるケースがあります。
　薬物による引きこもりは、ときとして不幸な事件に発展するケースがありますので、薬物から脱出するように精神科などの専門医の指導を受けることが肝心です、

自閉症者が輝くように

　自閉症者の人生を、輝く方向に導く方法があります。一口で自閉症者と決め付けることは、本人の尊厳にも係わる重大なことですので注意しなくてはなりません。何十種類もの症状があります。

　両親は子供の性格をしっかりと観察し、本人が将来自立できる方向に導くことで

す。それが親の責務と言っても過言ではありません。

本人は大声で「お母さん、氷の中に閉じ込められている私を早く出してください」と叫んでいます。

あせらない、あきらめない。

きっときっと硬い氷が割れ、我が子を救い出し脱出させる方策が見出せます。これは、四六時中一緒にいる母親にしかできないことです。頑張りましょう。

現実はどうでしょうか。成長過程の段階で、兄弟の縁談に差し支《つか》えるなどと、早々と親が子供を施設に入れ、責任を放棄するケースが大半を占めています。

両親の忍耐と指導で、本人の素晴らしい個性を見出し、世の中に必要とされる人間となることができるのに、それを施設へ預けてしまいます。

我が子がどんな個性を持っているのか。それを見出し伸ばす努力を親はしなければなりません。それは何でもかまいません。大事なことは、積極的に生きる喜びを心に持たせることです。それが何よりも大切です。親はあきらめないことです。

当人の個性は一般人では考えられない、素晴らしい知的能力を持ち合わせています。それが自閉症者の特徴でもあります。親は子供のために根氣よく生きる道を模索してください。

一に根氣、二に根氣、三に夢の実現、あきらめないことです。

幼児期に色々な遊び道具から子供を観察しましょう。本を読むことに興味がある子、黙々と一つの遊び道具で飽きずに遊ぶ子、お絵かきが大好き、音楽に興味がある子、物を組み立てることの大好きな子、このようなところから我が子を観察すると、少なからず道が拓けます。例えば

(一) ある面では記憶力が一般人では考えられない程の優れた知的能力を持ち合わせています。パソコンを教えればどんどん難しい問題に挑戦します。

コンピューターの回路設計に興味があれば、基本雑誌を与えることで今までにない工夫解明を致します。ある面では秀才児となりますので、お母さんの分からない世界ですが希望を持って見守りましょう。

(二) 一つのことに興味を持てば、何時間でも集中して従事できるのも自閉症者の特徴でもあります。人との会話は不要で、自分の世界観で表現することができます。

根氣のいる切り紙貼り、絵画等の色彩感覚が特別に優れています。母親なら子供の才能を

日常生活の中からわかります。

お母さんあきらめないことです！　一緒になって楽しんでください。

（三）彫刻が好きならば、お母さん、血と怪我を恐れないで、大工道具を買い与え自由に表現させてください。一般人では考えられない才能を発揮します。

(四) 粘土を使っての造形美術は、心が汚れていないため対象物を忠実に表現する能力があります。周囲との会話やコミュニケーションが取れなくても作品に集中できるため、ある面では個性を伸ばすに都合がよいことにもなります。

将来自立のキッカケとなります。

(五) 音感に優れピアノや何か楽器を弾かせれば、一日中専念しています。普通人の精神力と比較しても、集中力は計り知れないものがあります。

指導の仕方で素晴らしい才能と表現力を表わすのも自閉症者の特徴の一つです。あきらめず子供の才能を発見してください。

親は根氣よく本人を導くことです。この世に生を授かって誕生したのは何かで役立つ人になることです。そのような期待感を持って本人の能力を模索し、伸ばしてあげましょう。

それが親の使命です。安易に施設に入れることは、親の責任放棄になります。

頑張れ、頑張れ、お母さん。

真剣に我が子を愛していますか？

躾教育を置き去りにしたツケは、大きいものがあります。家庭内暴力がその一つです。幼児期に躾をせず、子供が欲しくもないものを親の考えで買い与えることはよくありません。親子の会話を大切にしてください。

物心、知恵がついてくると（八歳〜十八歳くらいの間）、子供は親の姿がよく見えるようになります。日頃、母親の行いを見ているので弱点を知っています。

その上で、欲しいものを買ってくれないと言って、家の中で物を投げたり、物を壊したり、大きな音をたて母親を震えあがらせます。時には母親に殴る蹴るの肉体的暴力、それに伴いもっと過激な事態も起こります。

音の暴力を治すには、同じような音を他人に出していただきます。心に響きわたる大きな音を聞かせると魂が鎮座し自分からおとなしくなります。

肉体的暴力を治すには、本人が眠っている時に、本人の枕元で愛情をこめて「あなたは優しい子よ」と語りかけると魂が鎮座します。それを繰り返しすることで、その内に暴力をしなくなります。悟らせるように、静かに話をしてください。

本人は母親の情愛に飢えています。母親が困ることをして、注目を引く仕草が家庭内暴力という形になって現れています。理屈では子供の心に伝わりません。抱きしめるなど行動で示してください。根氣よくすることです。

これから長い人生を子供は送るわけです。母親が逃げたら子供は死を選びます。母親の忍耐力で完治します。

しっかりと躾をして出しましたか？

昔、親も夢に見た一人暮らし。子供が大学に合格して家を離れる場合、昔の自分の夢を実現できると内心喜ぶ母親の心情でもあります。しかし子供の要望で一人暮らし（アパート暮らし）をさせるのは、未熟な人間の事故の元となりますので要注意です。

大学入学で、やむを得ず学生寮またはアパートに住むことになり、一〜二ヵ月はおとなしいが、半年〜一年程経過すると、親の目が行き届かず一人判断で勝手なことを始めます。良き友人達なら良いが、友人しだいでは遊び心で麻薬に手を出したり、男女関係など多くの問題が考えられます。

多くの母親は、うちの子に限ってそんな馬鹿なことをするはずがないと信頼しきっています。

事故防止、問題にならないためにも母親の直筆の文字で、「してはならないことの五ヵ条」なる貼紙を部屋の壁や出入り口のドアーに掲示しますと、七割がた事故や問題を防ぐことができます。

残り三割は母親の教育が行き届きません。良くない子供達とも友達になりますが、それに染まる子もいれば、親の氣持ちをくんで染まらない子もいます。その差は親の祈りと親子の会話があるかどうかです。よく連絡を取り合いましょう。

子供の一人暮らしは、世間的には大人に見られ、ことのしだいでは刑事罰の法律にも触れます。親は事前にしっかりと教育することです。

親と子が進んで会話をしていますか？

学生がアルバイトをする場合の注意です。我が子は小遣いをアルバイトで稼いで、偉いと思っていませんか。その使い道は？

子供なりに、親に小遣いを無心したくないものです。このことは一面では孝行者と思えますが、学生であることを忘れ、お金を稼ぐことに夢中になると、氣がついたときには学年留年ということにもなりかねません。

そうなる場合は、親の遠隔操作不足も原因の一つと言えます。

親が子供を信用しているということは、良い意味の自立心向上につながりますが、留年は就職に大きなハンデーとなることを両親はしっかりと言いきかせる責任があります。

また特に注意して頂きたいのは、女子のアルバイト先についてです。時折、親が見に行くか、家庭教師ならば電話で相手先にご挨拶するくらいはしましょう。親の役目です。

そして軽々しく男性の話に耳を貸してはいけないこともつけ加えて話すと、事故を未然に防ぐことができます。うちの子に限ってとは思わないで頂きたい。

ご両親の若かった時代とは、このご時勢は違いますのでご注意ください。

第六章　使命感をもって商品開発にあたる

企業の隠れた努力を知っていますか？

私達は、企業が開発したいろんな商品の恩恵を受けています。それらの企業の活躍を知ると、話題が豊富になり楽しいものです。

未知なる商品を現実化するには、手本となる文献もなく、日々失敗の繰り返しとたゆまぬ努力があってのことです。

開発チームは、誰一人として最初から答えを出せる人はいません。全て白紙の状態から、度重なる商品化テストを繰り返し、目標を目指します。

新商品は、たゆまぬ努力の結果で誕生します。それは挑戦者の人達が、与えられた仕事に情熱を傾け、使命感達成に頑張った結果なのです。

本章は、読者の頭休めとともに、自分の身近でこんなことがあるのかという勉強にもなります。氣持を楽にして読んでみてください。

魚肉ソーセージを日本で最初に商品化したのは「紀文」

蒲鉾、はんぺん、豆乳……魚肉練り製品分野で業界のトップを歩む紀文食品の商品開発力は、常にお客様の健康を考えて行われています。また少子化時代なるが故に必要な、一家団欒、会話のできる鍋物食材の提供は今後も楽しみなところです。

紀文食品の技術力に対し、世界に通用する斬新な発明に対して贈られる、文部科学技術長官賞が国から授与されました。

昭和二十五年、銀座松坂屋から紀文に出店の依頼がありました。当時、築地の商店が百貨店から直接出店の依頼を受けるのは初めてのことであったそうです。松坂屋の食品担当者は、おいしくて品質の良い練り製品を探して自ら魚河岸を歩き回り、試食をし、信頼する人の意見を聞き、そしてはじめて紀文への依頼を決断したといいます。その後の紀文の飛躍の原動力となる、百貨店進出の第一号でした。紀文食品を見ておりますと、このような製品に対する「誠実さ」「真っ直ぐさ」の精神が今も変わることなく受け継がれていることがよくわかります。

皆さんにとって紀文食品とは主に「おでん」等の練り物関係の食材を扱う会社、というふうなイメージが強いようです。なかでもアメリカやヨーロッパの方達が絶賛する商品があります。それは皆さんもご存知の「チーちく」というカマンベールチーズが組み合わされた竹輪です。しかし紀文食品の信用力と実力はそれだけではないのです。

疑わしきは仕入れせず
疑わしきは製造せず
疑わしきは出荷せず
疑わしきは販売せず

紀文ものづくり哲学より

皇　居

この企業には、知る人ぞ知る、もう一つの特徴的なことがあります。

実は宮中の賜饌料理《しせんりょうり》を畏くも陛下の膳部としてずっと御奉仕申し上げているということです。このことは多くの方がご存知でないことです。昭和三十四年に宮内庁より皇太子殿下（現天皇陛下）ご成婚時の祝宴料理調製を拝命してより、宮内庁御用となり、以来昭和四十六年から宮内庁賜饌料理《しせんりょうり》の調整を拝命頂くようになったとのこと。

（紀文のホームページにもそのことが誇張されることなく、片隅にささやかに書かれておりました）

宮中には、

・「天長節」賜宴（天皇誕生日）
・「地久節」賜宴（皇后様のお誕生日）
・「四方拝」（元日祭）後の賜宴（新年祝賀）

という三大祝宴があり、そのお料理は紀文食品に下命されます。賜宴に招かれるのは、御皇族の皆様をはじめ、世界各国の要人、内閣総理大臣、衆参両院議長、閣僚、産業界の代表等々、各界のトップ、リーダーと呼ばれる人たちであり、我々が想像できないほどの物凄い人数がお集まりになる、この上なく格式の高い日本一の宴であります。

それだけの人数の膳を仕切り、しかも宮中の伝統料理に恥じぬよう職人魂を継承しておられるとは、正直申しまして今日まで知りませんでした。さらに感心するのは、このような御下命（宮内庁御用達）の誉れを自社の商品販売や宣伝には全く利用せず、ただ粛々と伝統料理を御守りする大役の任をなされているということです。それだけ信頼されている立派な企業ということが伺えます。

この素晴らしい会社の一面を、読者の皆様にお伝えしたく取り上げました。

さすが神戸、自動車販売店の革命

さすが神戸ならではの発想の大転換で、自動車販売店の革命を起こした人がいます。神戸トヨペットの会長西村太一氏です。

西村会長は、芦屋六麓荘町で生まれ、先代が書き残した『誠を以って経営理念とす』を実際に生かすべく次の目標を立てました。

一、事業はお客様に喜んで頂き一般社会に奉仕すること

二、事業を通じて国家の経済発展と文化の向上に寄与すること

この理念から発案した、アメニテイ（快適）、アミューズメント（娯楽）、アーバン（都会風）の三つの「ア（A）」を柱にしたビレッジゲートシリーズの店舗展開を、昭和六十年（一九八五年）から始めました。

当時は訪問販売が中心でしたので、店舗形態（店頭販売）は革新的でした。

店内に入るとゆったりとしたスペースが広がり、ステージにはスポットライトでショーアップされた車が置かれています。

デイスプレイには車の走行シーンが映し出され、さらに心地よいＢＧＭが店内に流れ、店

神戸トヨペット・本社

神戸トヨペット姫路店

内では女性のショウルームスタッフが挽きたてで香りよいコーヒーをサービス、子供さんにはジュースやお菓子類を用意しておきます。

お客様に、ゆっくりと納得のゆくように車を選択して頂くのです。

こうしたスタイルの店、日本初のビレッジゲートシリーズを、神戸の名谷店と姫路の姫路店において始めたのです。

当時は大変な評判になり、新聞、雑誌に取り上げられ、トヨタ本社からは豊田章一郎社長の見学、その半年後には豊田英二会長が見学にこられるくらい業界の革命的な出来事でした。

競争相手の日産自動車、本田技研からの見学もあり、またたくまにこのスタイルが全国の車の販売店の模範となりました。

今日、どこの自動車販売店でもこの発想を真似て、サービスを実施しています。

日頃利用している地下通路トンネル

色々な地下トンネル（企業の隠れた努力を知っていますか？）

①日常私達が利用している地下通路

最近話題となった六本木ミッドタウンの地下通路に大成建設と石川島播磨重工と石川島建材工業の三社が共同開発した「ハーモニカ工法」が活躍しました。六本木と言えば華やかな場所柄でありますが、道路下に建設物を造ろうとすると人・車の往来や道路・歩道の下には私達の生活に欠かせない電氣・ガス・水道等のライフラインが埋められています。さらにミッドタウンビル工事の出入口の下という条件がありました。したがって地上からの工事は出来ません、地下のライフラインの隙間を縫って小さな四角いトンネルを掘り、それらをつなぎ合わせて一つのトンネルを構築することで地下通路を造りました。小さいトンネルの組合わせがハーモニカの吹き口に似ている事からネーミングされました。

私達の知らない間に、いわばモグラ一匹が何本かのトンネルを掘り、人が通れるトンネルにしている様なものです。知らない間とは、厳しい条件下で地上にも地下にも影響を与えないでやさしくトンネルを造る技術を、研究・開発している間も含んでいるのです。

写真１　トンネル掘進完了

写真２　六本木ミッドタウン地下通路完成

②毎日私達が利用している下水道

下水と言うと汚いイメージを皆さんお持ちでしょうが、下水道や浄水場の整備で河川がきれいになり、鮎などの魚が戻ってきたという話がよく聞かれます。下水道で活躍している「ホルン工法」は大成建設と東京電力と石川島播磨重工が開発したものです。一つの機械で地上からタテ穴とヨコ穴を連続して掘る、タテヨコと呼ばれる技術（ヨコヨコもある）です。マンホールとなる竪穴と下水管となる横穴を一台の機械で連続して掘る事ができるので、工期短縮が可能です。簡単なようで難しいのです。この発明で技術産業界最高の恩賜発明賞を受賞しています。

図１　工事手順

①　タテシールド掘進

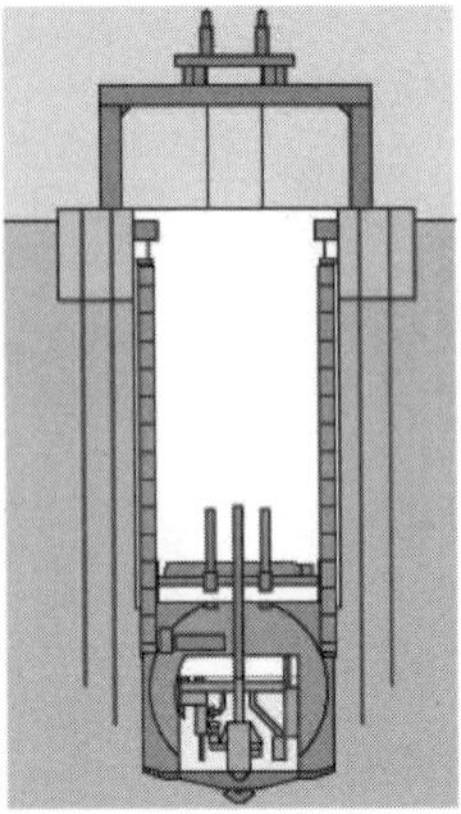

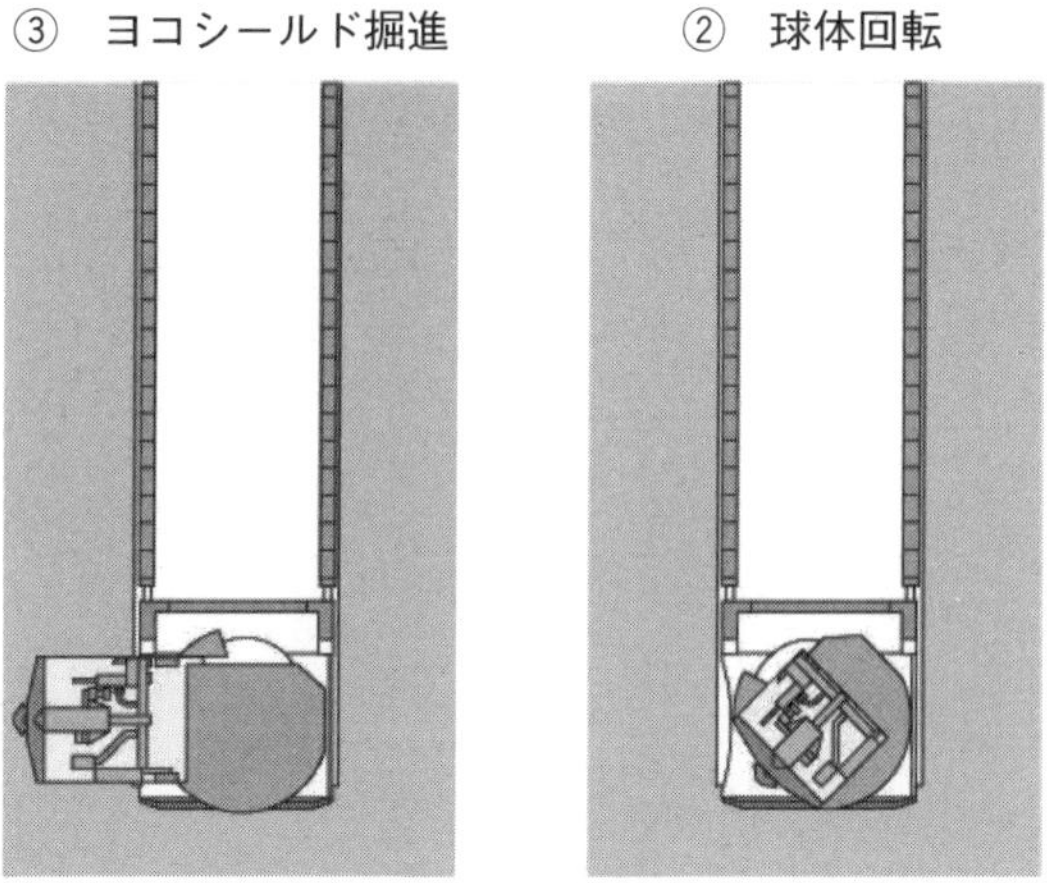

図1　工事手順

写真3　シールド機械

③いつか行って、乗ってみたい横断鉄道トンネル

トルコのイスタンブール市で、大成建設を中心とした共同企業体がアジア側とヨーロッパ側を結ぶボスポラス横断鉄道トンネルを建設中です。小泉前総理も首相の時に建設工事現場を表敬訪問されました。その時の写真が「首相官邸」というホームページにも掲載されたそうです。ボスポラス海峡部ではトンネル構造物（函体）を分割して地上で造り、海底に沈めて、接続しながらトンネルを造る沈埋工法が採用されています。海中での世界最深記録はアメリカBARTトンネル工事の水深四〇・五メートルでしたが、日本の技術を結集し、水深四四・五メートルでの接続に成功しています。まだ水深六十メートルでの接続が残っているので更に世界記録更新をすることでしょう。ちなみに一函体の長さが一三五メートルで、東京ドームのホームベースから一番遠いセンターのフェンスまでが一二三メートル（サッカーのゴールとゴールの間は一一〇メートル）です。

この様な技術の恩恵を知って、イスタンブールのボスポラス横断鉄道に乗ったならば、尚一層の感動を与えてくれるでしょう。

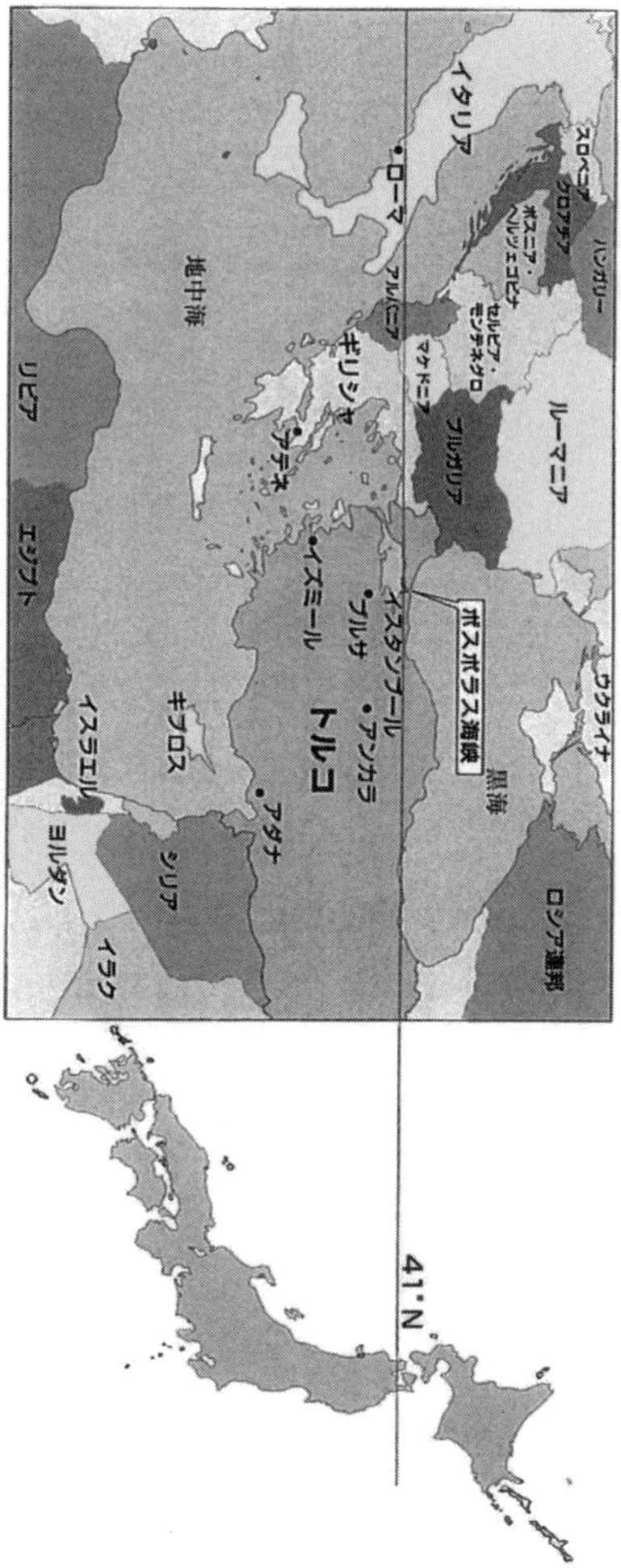

図２　ボスポラス海峡位置

写真4　小泉前総理と大成建設スタッフ（2006年1月）

新幹線とリニアモーターカー

日本が世界に誇る安全正確な大量輸送機関「新幹線」は、日本鉄道開発チームの高度な技術と重電氣分野の開発力によって作られました。

戦後の目覚しい技術力が背景にあり、それに相俟《あいま》って新幹線の命ともいえる目立たない地道な保線技術の開発があってのことです。新幹線の安全第一と高速走行時の信頼性は、世界に誇る保線技術が支えています。誠にすばらしいものです。

新幹線の実用化は、戦前からの用地確保から有に六十年経っています。

現在新たな高速大量輸送機関として、甲府においてリニアモーターカーの実験線がありま す。この実験線が、今年（平成十九年）から実用テスト段階に入るための延伸工事に入りま す。今まで用地の買収に時間がかかりましたが、実用化の線路が地下数十メートルの大深度で実現されれば、大成建設を始めとする日本の建設会社の掘削技術が生かされ用地の買収もなく東京―名古屋―大阪間がほぼ半分の所要時間で結ばれます。

リニアモーターカーの実用化は近い将来実現します。楽しみです。平成十九年四月二十七日の新聞に、リニア開業目標二〇二五年、首都圏―中京間を先行とありました。

大深度トンネルで行えば、東海道新幹線並みの短い工期で完成します。東京を出発駅として、甲府、東海環状に隣接した岐阜県土岐市、名古屋、伊賀上野、奈良、南大阪と結ぶことになるだろうと思います。

プレハブ住宅の草分け

日本人の感性を追い続けたプレハブ住宅、日本一の建築棟数を誇る〝積水ハウス〟は、積水化学の分家から始まった企業です。

過去の歩みを調べますと、今日の基盤は一朝一夕でなったのではありません。現在の積水ハウスを築き上げるまでには大変なご苦労があり、当時の経営陣が書き残した記録からも明らかです。実に氣の入った使命感が感じられます。

品質を第一とする品質管理、安全管理、幸福な家造り、徹底した社員教育、その使命感が今日承継されています。それにお客様の心がひかれるのではないかと思います。

お客様の「夢」の実現を満たすために、時代を先取りし研究に次ぐ研究を行っています。ここ十年、内外装や屋根材からサッシそして水回り等が充実し、実物の建物を使っての耐震実験は、地震国である日本を考えた会社の姿勢がうかがえます。

阪神淡路大震災で倒壊を免れた実績は、地道な研究成果の表れです。それらは、家を建てる人の氣持ちになって、という研究者の使命感があるからです。積水ハウスは、早くから住宅空間の研究開発がなされ、他社と比較しても実用設計等の研究成果が評価されています。

その実績は、お客様からの受注の棟数にも表れています。他社より価格は少し高いが任せて安心、信頼度が高いのです。

華麗な木造住宅を希望される方々の要望を満たすためには、シャーウッド住宅が好評を得ています。閑静なデザインと洒落た玄関ドアーや内装、アフターサービス面においてもとても充実しています。

最近さらに地震に対しての対策が騒がれている中、積水ハウスは、住まいの安全を最重要視し高度な耐震システムをも導入しているために地震にも安心です。

■積水ハウスの「耐震構造」「制震構造」「免震構造」

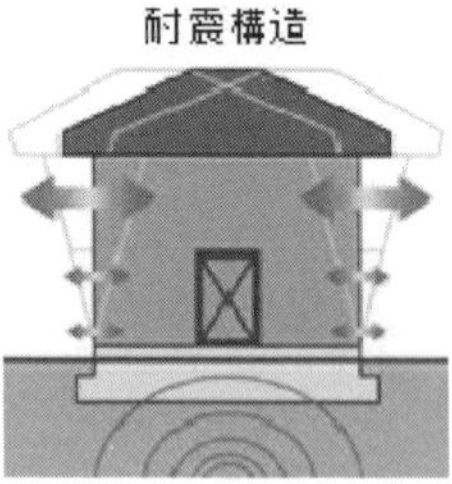	地震の力を受け止める部分に、鋼製ブレースをX型に組み込んだ耐力壁などの耐震部材を配置し、その耐震部材の踏ん張りで地震の揺れに抵抗する構造。
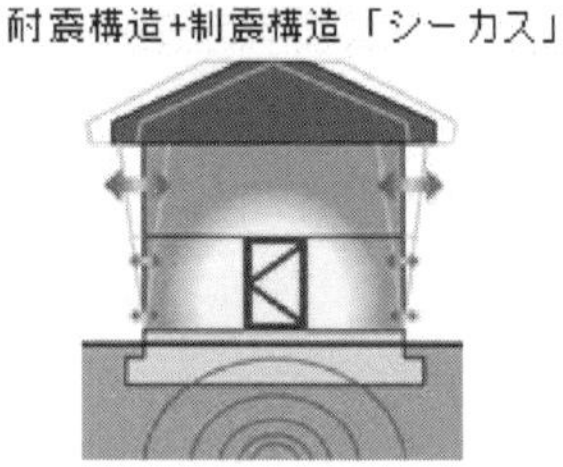	耐震構造として丈夫につくられた構造体の一部を「シーカスフレーム」に置き換えることで、地震動エネルギーを熱エネルギーに変換して揺れを吸収し、地震で揺らされる家にいわばブレーキをかける構造。
	耐震構造のように、地震に対して踏ん張るのではなく、基礎と建物の間に免震装置を設け、地震の力を建物に伝えにくくすることで、地震による揺れを大幅に低減する構造。 （オプション仕様）

「シーカスフレーム」の設置例

その日が来てもあなたは平氣ですか？

日本の食糧自給率を知っておられますか。農林水産省発表、平成十七年度の統計をみると、米九五％（主食用は一〇〇％）、穀物（食用＋飼料用）二八％、肉類五四％、大豆五％、油脂類一三％、日本全体では四〇％、これがわが国の実態です。このような環境下で非常時ともなれば、輸入に頼りきっている日本国民は、総餓死となるでしょう。

せめて主食の米だけでも自給率一〇〇％を確保し続けるためには、国民一人一人の自覚による米の消費が必要です。皆さんで日本の穀物を食べましょう。

私は十年程前から、講演の度に必ず最後には日本の食糧自給率の話をしてきました。最近私が唱えてきたことが現実味をおびてきています。これからさらに海外からの穀物の入手が年々困難な状況になっていくでしょう。

食糧自給率向上が必要なわけは、今まで輸入していた穀物がバイオ発酵技術の向上で、化石燃料（原油）に代わり、ダイオキシンや二酸化炭素（CO_2）の発生がなく環境にも良いとされ、バイオ燃料として使われているからです。

大豆、とうもろこし、麦、米等が近年エタノール燃料増産の消費に回され、穀物市場が異常な値上がりを示していることからもわかります。

国民の生命の源である穀物は、自国でまかなうようにしなくてはなりません。少々高くはつきますが、早急に将来のことを考えて、国民が国産穀物を大切にし、国産穀類の自給率を高めることが急務です。

国民一人一人が、命の元は何であるかを再認識しなくてはならない重大な時期にきているのです。お米は即座にはできません。休耕田を耕し苗を植え、再度穀物自給率を高めましょう。

子や孫の代に安心を残すことが、現在の我々に課せられた使命と思います。

笑顔の素「煎餅　勝勝《かちかち》」

食糧自給率の向上を真剣に考えなければ、将来日本も飢餓状態になるといっても過言ではないでしょう。経済発展をいいことに、食糧の輸入割合は年々増加し、私達の生命の元を外国に依存しています。

非常事態が起きたら、今から六十三年前のように食糧危機に見舞われ国民の食料確保は大混乱となるでしょう。

日本政府も自給率向上を呼びかけていますが、国民の危機意識への無関心が原因でなかなか成果は上がっていません。国民の協力が今こそ絶対に必要です。

そこで私は自分のできることとして、微力ですが株式会社笑顔の素を立ち上げ、国産穀物のうるち米、もち米を一〇〇％使用した「勝勝《かちかち》」煎餅を作り販売を開始しました。

穀類、調味液、全て純国産の原材料を使用した自然食品です。

じっくりと手造りで硬く焼き上げています。熟成うすくち醤油をベースに新鮮なえび味、パリッとして香ばしく、カリッとした歯ごたえがあります。

休息の一時にお召し上がり頂くと、その香ばしさと歯ごたえが頭や目の疲れを緩和し、氣分転換にもなります。

長時間のパソコン作業や、根を詰めた勉強などの合い間に食べますと、心新たな氣持ちで机に向かうことができる高能率煎餅でもあります。

疲れがひどいときは、脳の中枢神経がマッサージを求めるために、自然と食べる枚数が増えます。逆に頭や目が疲れていないときには食べる枚数が少なくなります。勝勝の美味しさを、存分にお楽しみください。日本一美味しい煎餅と自負しております。自信を持って皆様にお勧めします。

日本の穀物自給率向上を国民運動とするために、ぜひ皆さんの御協力をお願い致します。

手造《てづく》りせんべい

-勝《かち》勝《かち》-®

「勝勝《かちかち》」は、国産《こくさん》うるち米《まい》・もち米《まい》を使用《しよう》して1枚《まい》1枚《まい》丹念《たんねん》に厳選《げんせん》され造《つく》り上《あ》げた、自然《しぜん》にやさしい手造《てづく》り煎餅《せんべい》です。

「勝勝《かちかち》」は、オリジナルブレンド醤油《しょうゆ》を使《つか》って、じっくりと焼《や》き上《あ》げた手造《てづく》り煎餅《せんべい》です。

味《あじ》がはっきりして香《こう》ばしい海老《えび》の香《かお》りとカリッとした歯《は》ごたえが魅力《みりょく》の逸品《いっぴん》です。休息《きゅうそく》の一時《ひととき》にお召《め》し上《あ》がりいただくと、その香《こう》ばしさと歯《は》ごたえの良《よ》さで、気分転換《きぶんてんかん》にもなります。

「勝勝《かちかち》」のおいしさを、存分《ぞんぶん》にお楽《たの》しみ下《くだ》さい。

店主《てんしゅ》　敬白《けいはく》
銀座《ぎんざ》 笑顔《えがお》の素《もと》

■製品《せいひん》の開発《かいはつ》・目的《もくてき》■

ご賞味《しょうみ》いただく時《とき》に発生《はっせい》する噛《か》み砕《くだ》き音《おん》が顎骨《あごほね》を伝《つた》わり、脳《のう》の中枢《ちゅうすう》神経《しんけい》を振動《しんどう》マッサージすることで、目《め》や頭《あたま》の疲《つか》れを緩和《かんわ》することが目的《もくてき》です。良《よ》く噛《か》んでお召《め》し上《あ》がり下《くだ》さい。

こんな時に食べると効果的!!

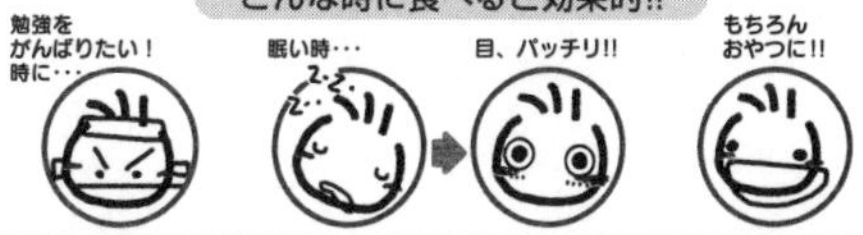

品質《ひんしつ》には万全《ばんぜん》を期《き》しておりますが、まれに輸送中《ゆそうちゅう》におせんべいがわれることがございますが、ご了承下《りょうしょうくだ》さいませ。

他《ほか》にも各種商品《かくしゅしょうひん》を取《と》り扱《あつか》っております。
ご注文《ちゅうもん》・お問合《といあわ》せは、下記《かき》までご連絡下《れんらくくだ》さいませ。

銀座《ぎんざ》 笑顔《えがお》の素《もと》　フリーダイヤル ☎ 0120-48-0013

ホームページ：http://ginza-egaonomoto.ocnk.net/

問い合わせ＆購入は、銀座　笑顔の素へ
ホームページ：http://ginza‾egaonomoto.ocnk.net/
フリーダイヤル　0120 - 48 - 0013

他にもまだまだ、日本人魂ともいうべき新技術を開発し、数十の関連特許を持ち海外を相手に事業展開をしているなど、発展途上の企業が沢山あります。

次回出版予定の『失敗の法則　経営の羅針盤』に御紹介致します。

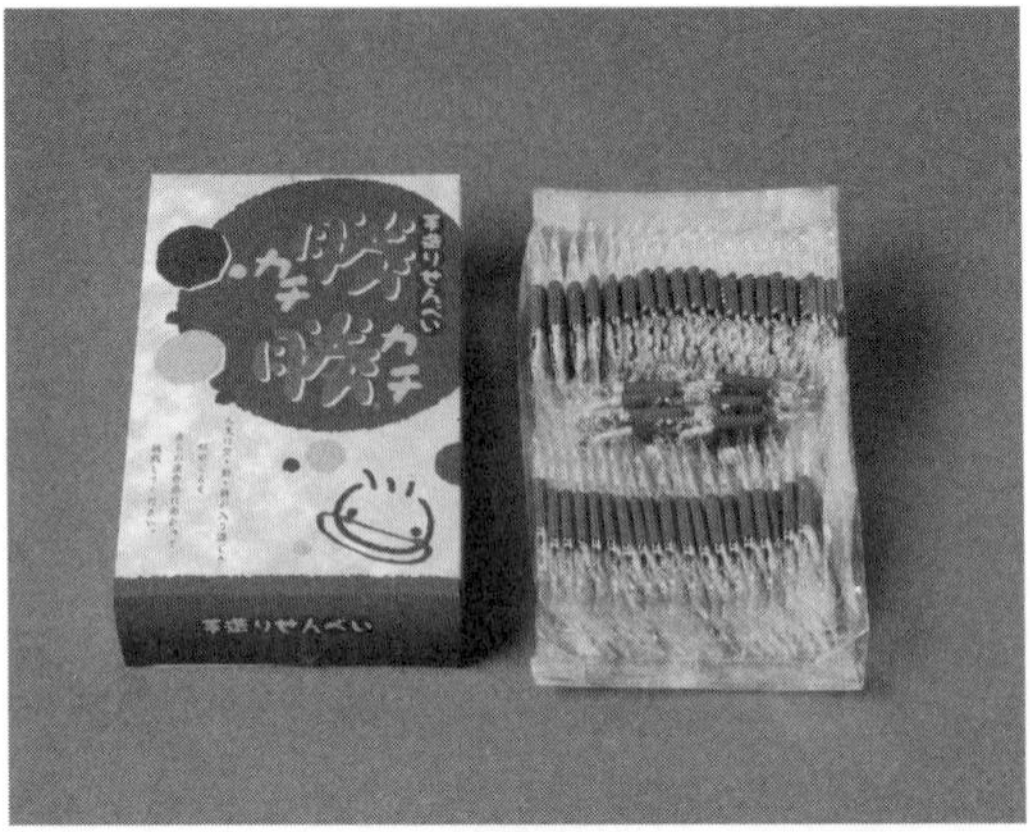

【勝勝《かちかち》】

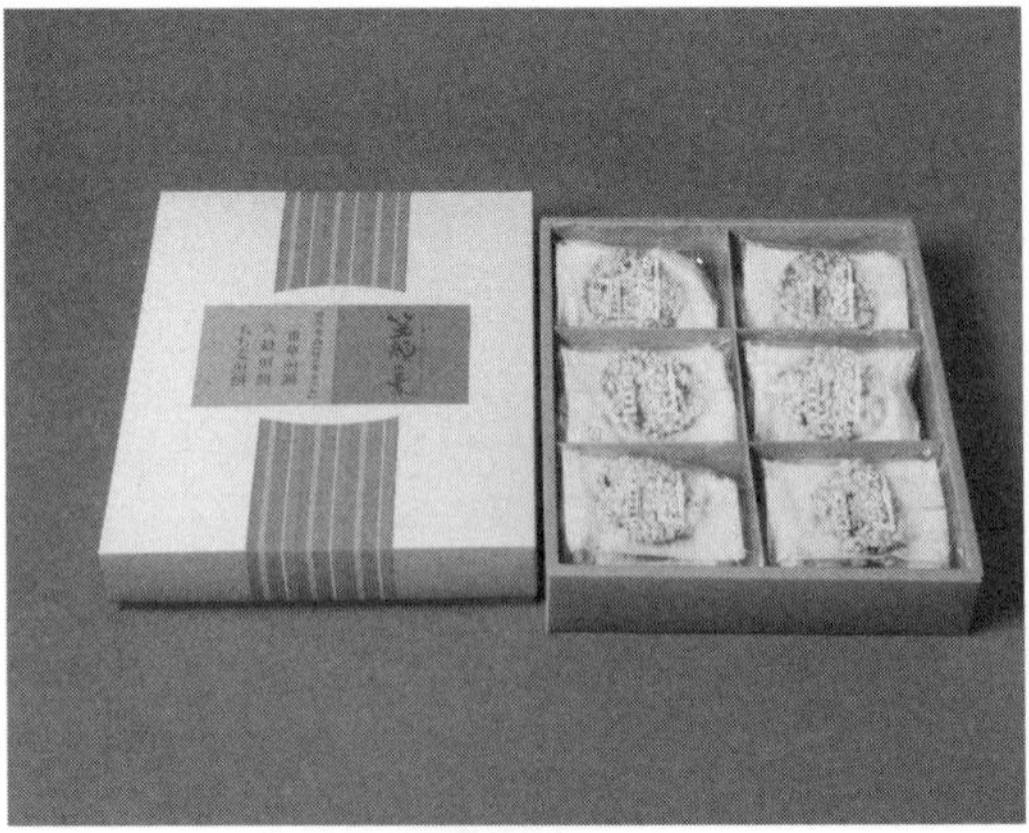

【笑顔の素】

第七章　ひとつ家の中で人生の旅が続く

夢に見たマイホーム

不動産の購入には、よほどの覚悟が必要です。マイホームもその一つです。その重さを自覚しつつも、営業マンの言葉に惑わされ、自分を見失えば人生をも失うことになります。家を買う（建てる）ことは一生に一度の買い物と敢えて思わないことです。

確かに家は何度でも買い換える代物ではなく、ほとんどの人は生涯に一回しか買えない物には違いないでしょう。

ただし、それなりの覚悟は必要ですが、「一生に一度の大イベント」と思い込んで、自分を見失ってはいけません。

銀行を活用して住宅ローン

家が欲しい。欲しいから無理な返済計画を立ててはいませんか。

銀行規定の審査が通ればローンは組めます。住宅は担保、主人の生命保険も返済補償として差し出し、保証人も取ります。銀行は絶対に損をしない仕組みです。

ここが問題です。家の新しいうちは返済のみを考えていれば良かったのですが、五年、十年経ちますと内外装の修理や改装に思わぬ出費となり、返済計画が狂い始めます。

住宅ローンは、当初からそれを承知して組むことです。リニューアルを定期的にするための積み立て預金をすると安心、家が常に輝きます。

何を基準に家を建てますか

（橋本直明先生特別寄稿）

家を買う（建てる）場合の考え方を、わかり易く説明します。

海外旅行に初めて行った時のことを思い出して下さい。初めての海外旅行は、人生の一大事であったはずです。パスポートを取ったり、ガイドブックがすり切れるまで読んだり、旅先で手落ちのないように準備します。

旅行鞄には使い切れないほどの着替え、使うかも知れないと詰め込んだ道具は結局役に立たず、重たい思いをした自分の経験の浅さを旅先で痛感します。

自由に旅に出て、自由に楽しめるようになるには、何回も旅をした後の話です。

家も同じ。旅行ではないけれど、ひとつの家の中で人生の旅が続きます。

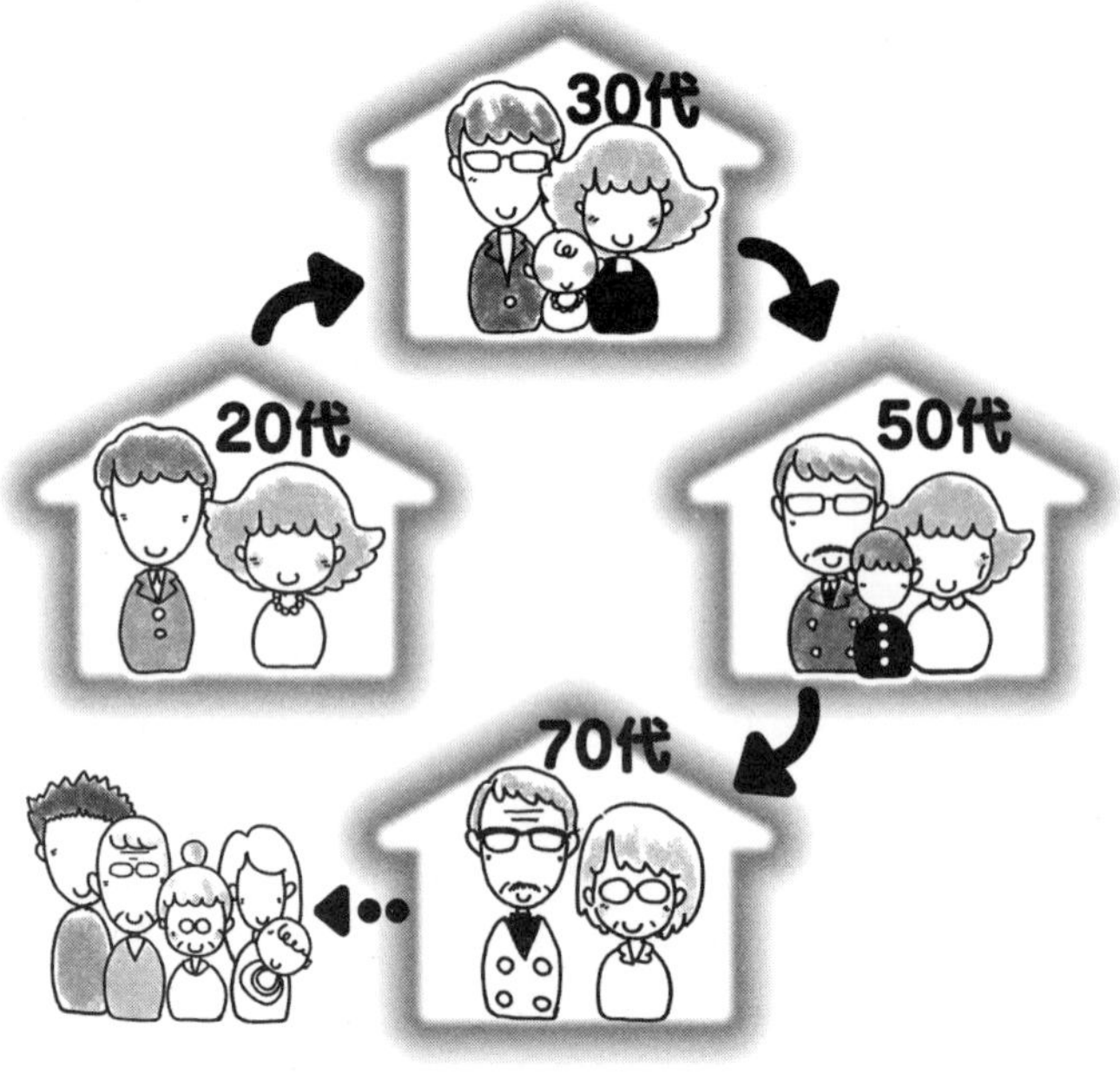

二十代、三十代、四十代、五十代……結婚当初の二人だけの生活から、子供が生まれて子供の教育に悩み、子供が成長すればやがては夫婦二人の生活にもどり、趣味を楽しみ、そして老後を考えるなど、家族それぞれの楽しみ方が年齢と共に変わっていきます。

家の姿もそれに合わせて変わっていく、いや変わって行けるような家でなければなりません。

新婚当初から使うあてもない無駄なものを置いては、家の中を窮屈にするだけで何の意味もありません。人生は押入れのなかにはありません。

子供が増えたら間仕切りを増やして部屋を作り、子供が独立したら間仕切りを取り払って、みんなが集まれる場所を作る。それを可能にする構造にして、家を建てるとよいでしょう。

年老いて自分の身体が思うように動かせなくなったら、助けてくれる家族のために、家を作り替えることも一つの考えです。

家の間取り（構造）

部屋を増やしたり、間取りを変えたり、いわゆるリフォームが容易にできる構造にしておきましょう。

足腰が衰えたときにも安心な階段、水回りの使いやすさ、そんなことが可能な家にしておきましょう。

この先に訪れるであろう人生の出来事を想像して、間取りすることが重要です。

だからと言って、何度も繰り返しますが、最初から全てを用意しておく必要はありません。

新婚の時に、老後の生活のための家に住むのは、夫婦喧嘩の火種を抱えるようなものです。

そのときしか味わえない楽しみの家が必要だということを忘れないようにしてください。

人生の時間も、アッという間に通り過ぎていくことも忘れてはいけません。

望む生活ができる家の秘訣

五年後にピッタリとはまる家にすること。

五年後に自分達の望む生活がそこにあることを目標に、計画を立て実行する。

これができれば、十年先、二十年先のために、何が今あればいいのか、何を最低限準備しておけばいいのかも見えてきます。

家を買う時

最近の流行のことしか言わないセールストークはＮＧです。

将来の不安につけこんで、絶対に使わない物をオプションにしようとするセールスマンもＮＧです。

年齢と共に変って行く自分達の物語につき合ってくれる人に相談して、それに答えてくれる家を手に入れる心構えを持ちましょう。

鉄筋住宅を建てるとき

木造住宅、鉄筋住宅、いずれを選ぶにせよ、家を建てるとき信頼の置ける建築設計士に出会うことが大切です

施主の要望をつぶさに取り入れ、設計士の過去の経験を生かし施主の身になって管理、監修をして下さる設計士と、信頼のおける建築業者の選定をすることです。

特に鉄筋住宅の場合、あとでの増築は何かと問題が発生しますので、将来設計をしっかりと練ることです。

土地、住宅、（マンションも同様）取得にかかる税金と費用

土地取得後

［取得すると］不動産取得税：住宅取得後にかかる税金

［所有すると］固定資産税、都市計画税：不動産所有者に毎年かかる税金

住宅購入後

［購入関連］

税：売買契約書／ローン契約書に貼る印紙税

税：住宅の売買など（土地は非課税）　消費税

［登記関連］

・免許税：不動産の所有権登記にかかる税金

・所有権（保存・移転）登記

・抵当権設定登記（ローン関係）

資料提供：早稲田大学大学院建築科講師
橋本直明建築設計室・橋本直明先生

境界線確認

所有の土地を正確な図面に落とすために、隣地との境界線をハッキリしておくと将来共に隣と仲良く暮せます。

このことは先送りしないためにも登記上ハッキリすると良いでしょう。杭を打ち込む場合は、必ず両隣に声をかけ立会いをして頂きます。

将来も安心できるメーカーを選ぶ

今日、各ハウスメーカーは日本の風土を考慮した体に優しい住宅環境を提案しております。中でも避けて通れない地震時の骨組み堅牢度、そして内外装、キッチン、浴室等、安全な住宅空間の研究が住む人の立場になって行われ、優れた技術力を駆使して、それぞれのハウスメーカーが競って研究しております。

皆さんは、悔いのない住宅を建てるためにも、特に契約する前には住宅展示場へ出向き、各面での勉強をお勧め致します。

現在各ハウスメーカーは、お客様の納得のいく構造がそれぞれ公開されています。メンテナンスの点もしっかりお聞きになるとよろしいでしょう。

十年先、二十年先を考えたら、必然的に大手ハウスメーカーに頼ることになります。何かの時の修理修繕等、内装の改造、特に地震に関しては数多く建てている大手ハウスメーカーの過去の実績と現在の建築工法の改善点を調べ比較することも大切です。

これから住宅をお考えの方のために

＊若くて話の分かる、しっかりと勉強している担当者を選ぶ事が肝心です。

＊特に住宅のことに関しては、施主側の氣持ちを配慮して打ち合わせに時間を惜しまず親身になってアドバイスする担当者のいるメーカーであるかを調べてください。

＊昨今、家電製品の大型化、空調設備や室内電氣製品の多様化による、電力使用量は大きな問題です。特に省エネに関してはハウスメーカーの姿勢を重要視されたらよろしいでしょう。

過去の実績を参考に、安価で故障の少ない設備や製品を採用しているのか。キッチン設備は消耗品等を安価に推奨してくれる担当者であるのか。床暖房も効率の良い商品を紹介してくれる担当者なのか等をよく調べましょう。

＊建築後のメンテナンスがしっかりしているハウスメーカーを選ぶことも重要です。

戸建て住宅を注文される場合は、施主側の要望に関して将来展望を考えた提案と、施工業者、ハウスメーカーはその経験を生かした電氣の有効利用に対する案を、素人に分かり易く親切に説明して頂ける所に発注されますと、完成まで何かと安心して相談ができます。

施主側に立って、申し分ない配慮がなされているハウスメーカーをお選びください。

これから家をお建てになる方は、とことん納得の行くまで各ハウスメーカーを訪問され、比較されるのもよい勉強になると思います。

建築はクレーム産業とも言われています

建築業者は、施主の要望を良く摺り合わせたつもりでも、完成間近に両者の思い違いが出現するものです。施主は信頼のおける設計士、技術的に優れた工務店、大手ハウスメーカーを選ぶ責任があります。

完成後、近隣とのおつき合いがありますので、建築中、近隣に迷惑をかけない建築業者を選ぶことも大切です。

あなたの家は頼れますか？

私は友人、知人から個人住宅の紹介を頼まれてハウスメーカーをご紹介致しますが、今まで一番喜ばれたハウスメーカーは積水ハウスでした。段取り良く、しっかりと教育された工事担当者が従事し、本当に安心して任せられます。

完成後、たとえ施主が忘れていても、十五年経っても親切なアフターサービスが行われ、管理が行き届いていますので紹介しても安心です。

私の失敗談

私は、日本建築の実に優雅な佇《たたず》まいに惚れ込み、花梨材を大量に使い宮大工さんに依頼して十三年前に木造住宅を新築致しました。

ところが元氣で腕の良い宮大工さんも寄る年には勝てず、三年前に亡くなられ工務店は廃業。平成に入り厳しい修行で鍛えた腕の良い宮大工さん達は、高齢でリタイヤする人が多くなりました。

日本建築の仕事は熟練を要するために、後継者がなかなか育ちません。実に悲しい限りです。これも時代の流れであると思わざるをえません。

このように事情が変ってきますと、部分的な修理を頼むにしても当時の工務店はつぶれてしまって、アフターサービスをしてもらえず現実困っています。

また工事記録の保管がなされてないために、何か修理をと思っても何処へ頼んだら良いか困り果てます。腕の良い宮大工さんに手の込んだ数奇屋作りで建築してもらったのですが、当時の私は人が老いて行くことを考えていませんでした。

建築を依頼した私の選択方法の失敗談です。

十年、二十年先の修理のことを考えて、経営基盤のしっかりした安心できる建築業者に依頼しましょう。

コラム　因《いん》を知り、因《いん》を正す

結果には必ず原因があります。
失敗にしても、成功にしても、いまの現実は原因があっての結果です。
その結果をとやかく言っても何の解決にもなりません。
大事なことは、その因を知り、それを正すことです。

付　録

国会議員立候補資格認定試験制度

国会議員の選挙は、国の将来を担うだけに重要です。ところが実際、誰に投票したらいいのか適当な立候補者がいない。そう思っている人は案外多いのではないでしょうか。

しかも、清き一票を国民に請願した候補者が、選挙に当選したその日から有権者を無視、党利党略の要員に変身するようでは、何のための選挙かわからなくなります。

それは、政策も志も公の精神も無きまま、親の七光りで議員になったり、マスコミに登場して有名になって当選するからです。

国は何かと国民に資格を求めます。それならば国会議員に立候補する場合にも、日本の将来を託すに相応しい人材を掘り起こす為の試験制度を設けるべきです。

国会議員になりたい人は、事前に国会議員立候補資格認定試験を受験し、それに合格した者が公職選挙法にのっとり立候補を可能とするのです。

とにかく現代の多くの政治家は、厳しい議員資格制度の試験をクリアーしていないために国民の代表という責任の重さを感じていないと言っていいでしょう。さらに言わせてもらえば、選挙は出たとこ勝負。選挙自体が立候補者にとって面白半分、国民が国会議員を軽視するのは当たり前です。

そういう時代になっていることを考えれば、なおのこと戦後六十二年の膿を出し、日本を良くする政治家を出していかなければなりません。そのためにも、国会議員立候補者資格認定試験制度を創設すべきだと思います。

議員としての責任の重さは、選挙期間中に頭を下げた肉体的疲労だけと言ったら言い過ぎでしょうか。それで当選すれば年齢を問わず高給取りになる。国民は、このことも合わせて今一度、政治家の選出方法を考え直す時が来ています。

原子の利用の仕方について

私、十七歳で啓示を受けたとき、幾つかの重要な導きをいただいております。その一つが資源の利用についてです。

人類が生きていくために資源を利用することは何の問題もないが、資源のさかしま（逆）、源資、すなわち原子に人の手を加えて利用することは、人類の滅亡につながるという暗示を受けております。

特に核兵器、核爆弾、さらには原子力発電の核燃料として活用するは、燃焼後の核廃棄物に地表が汚染され、二十二世紀の後半には地球上の人類の脳は放射能に汚染され冷静な判断を失うであろう。核をもてあそぶことは、地球上から全ての生命が消滅することになるというものです。

そうならないためにも、現在の人類はこの地球を愛しなさい。やがて新しい無公害の燃料を開発する時期がやってくるだろうという啓示を神様よりいただいております。

水素水燃料の開発

今から三十四年前、第一次オイルショックのときです。昭和四十八年（一九七三年）十月二十七日付けの新聞には、あらゆる物を買いあさる市民の様子が書かれていました。どこでどうなったのか、トイレットペーパーの買いだめがテレビで放映されるやいなや、またたく間に買いだめ機運が高まり日本中に広まりました。

それによって半年間、物価は異常に高騰し、その後次第に沈静化していきました。

高名な学者達はそのとき、五十年後の二〇二三年には原油が底をつくと話をしており、それがさらにオイルショックを煽り立て、国民を不安のどん底に落とし入れました。

私は神様に、学者達が今後五十年で油が地球上からなくなると断言していますが、どうでしょうかとお尋ねしました。


すると神様はこのようなことを申されました。

原油は地球上に海が存在する以上、枯れることはありません。陸上で出るごみ、海の産物全てが海溝を得て深海にいき、さらに極深海に到達するやいなや、物体は超高氣圧によりミクロの分子に変貌、これらが地球のマグマに溶融され海溝を経て中東のクエート、イラン、そしてインドネシアなどの近辺に原油となって再浮上する。それが油田であり、油は今後も永久に湧き出るという。


ただし環境問題などもあり、これからの原油の使い道は単なる燃料としてではなく、科学進歩によってその利用価値が更に高められて行きます。

自動車や船舶の内燃機関（エンジン）は化石燃料ではなく、**海水を分離して**空氣を汚さない**燃料水素**と酸素にし（**燃える水・仮称、水素水と言う**）、水素水で走る内燃機関の開発をしなさいと二十七年前に啓示を授かりました。

そこで私は、優れたエンジンを造るH氏を紹介され、その会社のエンジン開発担当者に神の啓示についてお話を致しました。

すると技術者達は、水素を燃料として使うことは実にクリーンであるが、水素を車に活用するには安全面で燃料タンクが問題ですとの説明でした。当時の溶接技術では、問題が多すぎました。

しかし二十七年経過した今日、科学の進歩と溶接技術の向上により、問題も解決、無尽蔵にある海水を水素と酸素に分離、水素を安全な水素水にして活用、分離過程で出来る酸素は又クリーンな酸素の供給源となり、二十一世紀の中頃には日本が世界に先駆けて燃料革命を実現することでしょう。

常温では引火しない水素水、機密性の高いタンクの製造が可能となり、安価で安全な水素水をタンクに充填をすることも簡単です。クリーンな水素水燃料自動車や船舶が出現する日も近いでしょう。空はクリーンな水素水を使った飛行機が登場します。

また、原子力発電所は人体に危険を及ぼす放射性ウランの使用を止め、水素水を使ったクリーンな火力発電燃焼タービンに置き換えられて電力を生み出すことになるでしょう。

近い将来電力会社は、自社燃料消費はもとより、**水素水・燃料製造所**として燃料の輸出が盛んになります。電力供給も現在の三分の一の安さで家庭や工場に安定供給が出来ることになるでしょう。車の燃料もリッター四十円から五十円で充分供給できるでしょう。

消費者は新エネルギーが出来るのを待ちましょう。中東に於けるエネルギー確保の戦争も無くなり平和な地球となります。

これからは安全な燃料、水素水の時代になります。

無限の海水から取り出す水素水が、次世代のクリーンエネルギーとして注目を浴び、その燃料を輸出する国として日本は世界に大きく貢献することになります。新たなるビッグ・ビジネスチャンスも生まれるでしょう。

日本の電力会社が、水素と酸素を分離する技術をもって、クリーン燃料である、水素水と酸素を製造する時代がやがてやってきます。

これからの日本

世界で唯一、天皇の存在する日之本の国。
二〇一二年頃から日本食ブームになり、
住宅も日本式、
便器も日本が開発した
ウォシュレットが世界に普及します。
車の燃料も水素を海水から分離。
穀物は食糧として利用。
世界は二〇一二年頃には、
和食が健康に良いことがわかり、
世界に日本人の考えが拡大致します。
食物も、おモチが流行し、
米食が盛んにもてはやされ、
魚肉の内臓は肥料に、

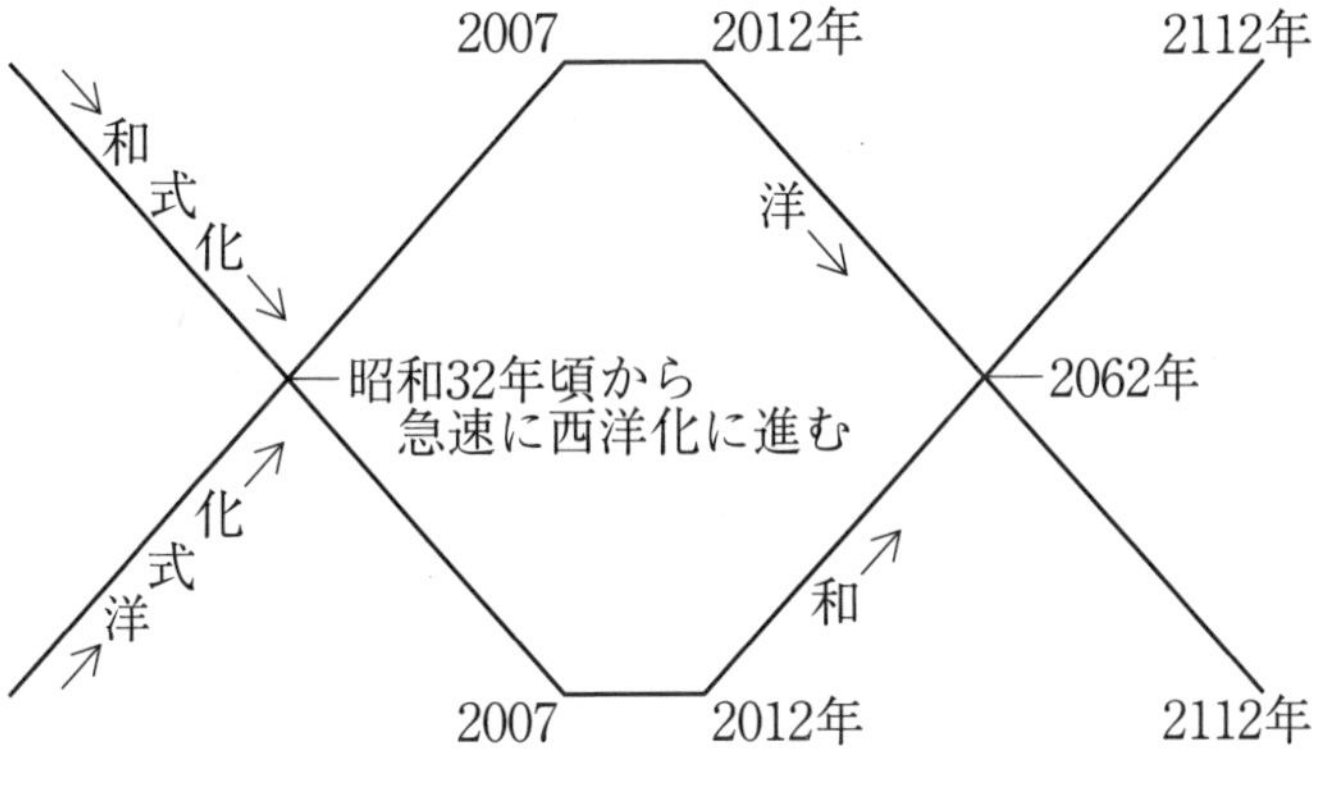

魚肉は麦粉と混ぜて
ロングライフ食料として発展し
陸上動物を食べることが減ります。

コラム　素　直

人間が成長し、幸せになるには素直な心が大切です。
素直になるということは、我を捨てることです。

コラム　『失敗の法則　人生の羅針盤』　まとめ

人は必ず使命感を持って生まれてきています。
自分がこの世に誕生してきた人生の目的と言ってもいいでしょう。
それは、世のため人のために生きることです。
もっとわかり易く言えば、人に喜んでもらえる生き方をしましょうということです。
それが使命感にそった、あなたに一番ふさわしい生き方ということになります。

自分の使命感さえわかれば、ルンルンの生活を送ることができます。
ところが生まれ出てくる時、みんな忘れてしまっています。
しかし心配はいりません。
自分の意識は忘れていても、自分の細胞と守護霊が覚えていて、
どのように生きなさいと常に導いてくれています。
それに従えばいいわけです。

問題は、どうしたら使命感が具体的にわかるかということです。
その一つが、鏡を見て自分の守護霊と話をすることです。
「いつも私を守り導いてくださり、ありがとうございます」
と感謝してから話しかけてください。
そうすると、ふと何かに氣がついたり
アイディアが思い浮かんだりするはずです。
それが導きです。
素直な心になると、本当に自分は導かれているということを実感します。

それにもう一つ、人に喜んでもらう生き方をすることです。
人に喜んでもらうことで、自分の心も体も喜び、
使命感を記憶している細胞も喜びます。
そうすると、自然に体が動くようになります。
それが導きです。
大事なのは、今という現実を真心こめて生きることです。

おわかりでしょうか。
難しいことではありません。
あらゆる、人、物、事に感謝して、素直な氣持で今を生きることです。
自分に与えられた仕事を一生懸命やることです。

ところがです。
人は調子に乗ると、
守護霊に守り導かれていることを忘れ、勝手に行動するようになります。
「どうだ、自分はこんなに力がついたぞ」というわけです。

人は神様から、自由に考えることと、自由に行動することを許されています。
どう考え、どう行動しても自由です。
ただし、使命感（道）から外れれば修正しなければなりません。
自分で修正できない場合、
病氣になったり、事業に失敗したり、いろんな困難がやってきます。
それが試練です。

それに氣がつけば、今まで以上に力を発揮することができます。

感謝を忘れず
我を出さず
人が喜ぶことを進んでやりましょう
それがすなわち、
使命感です。

あとがき

「失敗の法則」は「成功の法則」の裏返しです。


どちらを学んでも人は幸せになる法則を知ることができます。

ならば「成功の法則」を知ったほうがいいと思うかもしれません。

ところがどっこい、「成功の法則」を学ぶより「失敗の法則」を学んだほうが幸せになる近道です。

なぜでしょう。


本書をお読みになってご理解いただいたかと思いますが、人というのは、どうしても楽な生き方、不幸に向って生きようとするからです。

ですから「失敗の法則」を読むと、自分の歩んでいる姿がよくわかります。

わかるということは、早く修正が可能ということです。

ところが「成功の法則」を読むと、そんな事は自分にはできないと思い込み、生き方を修正する前に諦めてしまいます。結果、何も変わらないということになります。

大事なことは、よいとわかったら実行することです。せっかくの知恵を絵に描いた餅にしてはなりません。

そんな願いをこめて本書のタイトルを「失敗の法則　人生の羅針盤」にしてあります。

時代の変革に合わせて『人生の羅針盤』パートⅡを計画致しております。

本書を読んで理解できたところ、できなかったところ、いろいろあると思います。

神を信じなかった私が、神様を語っているから不思議です。人生は不可思議なれど、必ず幸せになる道はあるということです。

いま神様を信じることができない人でも、鏡を見て話しかけてください。

一回やって効果がないのでやめましたでは、何の進歩もありません。

毎日、続けてください。それが幸せになるコツです。

第二弾は、経営者向けの『**失敗の法則　経営の羅針盤**』を予定しています。

人生の羅針盤とともに役立つでしょう。

最後になりましたが、本書をまとめるに当たっていろいろと熱心にアドバイスやご協力を賜りました各大学の諸先生方をはじめ、企業の開発担当の皆様、イラストを担当して頂いた高橋利佳さん、写真家の尾関一さん、内閣府認証ＮＰＯ法人シュアリスト副理事長・川端賀代子さんに心より感謝申し上げます。

平成十九年七月吉日

ビッグ・ナビゲーター　林　德彦

著者紹介

林　徳彦（はやし　なるひこ）

1941年愛知県名古屋市生まれ。中京大学商学部卒。

現在、政綱会会長、内閣府認証NPO法人シュアリスト、心身健康センター理事長。

17歳で神様より啓示を受け、その後様々な相談にのるようになる。国立三重大学の客員として5年間学生の指導にあたる。

海外では通称　Big Navigator HAYASHI と呼ばれている。

研究活動

・GHQによる強引な日本弱体化政策やウォー・ギルト・インフォメーション・プログラム（WGIP）により、日本民族の文化、愛国心、信仰心、国防意識は破壊され、国民の心は大いに乱れた。その変貌の様子を解明し、それを日本の将来に役立てる研究。

・子供の家庭内暴力、引きこもりはどうして起きるのかの研究。

・人の使命感、失敗の法則についての研究。

経営戦略指導

上場企業及び中小企業育成と新規上場の経営戦略を指南。

新しい介護事業の研究開発と実用化に向かって実践指導。

・新製品開発するための基本、商標と特許出願の指導。

・後継者の選択指導、及び後継者教育。

・管理職者の能力と社員の力を引き出す社員教育。

企業委託社員相談室

・社員一人一人の性格に合った自己改革の仕方を指導。

・人材を人財に変身させる指導。

・生きる喜び（生きがいを見つける方法）を持つための指導。

・定年を控えての心定めと、個人に合った楽しい再就職の選び方、再出発の指導。

失敗の法則 人生の羅針盤

平成十九年九月十日　第一刷発行
平成二十年一月十日　第三刷発行

著者　林　徳彦
発行者　斎藤　信二
発行所　株式会社　高木書房
〒一一六－〇〇一三
東京都荒川区西日暮里
二－四六－四－七〇一
電話　〇三－五八五〇－五八一〇
FAX　〇三－五八五〇－五八一一
印刷・製本　株式会社　シンセイ

ISBN978-4-88471-405-5

山田一繁
逃げるな そこから人は変わり始める

赴任した高校は荒れていた。元ツッパリ生徒との出会いをきっかけに学校改革を始める。教師と生徒が共に強い絆を築き、ついに日本拳法高校日本一を獲得する。

四六判ソフトカバー　定価一四七〇円

多胡　輝
心の体操 諦めて、諦めない

体に体操が必要なように、心にも体操が必要です。体操をすることでより高い人生のハードルを飛び越えることができます。困難を乗り越えてこそ喜びがあるのです。

四六判ハードカバー　定価一五〇〇円

福田恒存
私の幸福論

青春や性をはじめ、恋愛、家庭、職業など誰もが経験する男女のかかわりを通して、誤れる幸福観を正し、本当の生き方、真の幸福とは何か。その糸口を明快に説く。

四六判ハードカバー　定価一〇五〇円

高山正之
世界は腹黒い 異見自在

事実は小説より奇なり。世界の出来事を独特の視点で観察し、腹黒い世界をえぐり出す面白さ。知的興奮を味わいながら、歴史の真実をも勉強できる一冊です。

四六判ハードカバー　定価一八九〇円

田下昌明
一に抱っこ　二に抱っこ　三、四がなくて　五に笑顔

小児科医として延べ五十万人の子供たちを診察してきた著者が、子育ての重要なポイントを説いています。そしてテレビに子守をさせる危険性は、親の必読です。

四六判ソフトカバー　定価一二六〇円

高木書房